우리는 아직도
출근 중입니다

새로운 환경에 떨어진 두 직장인 생존기

우리는 아직도
출근 중입니다

이준혁 · 변재일 지음

좋은땅

아직도 우리는 출근 중입니다.

일이라는 단어는 점점 더 낯설게 느껴질 때가 있습니다.
우리는 출근하지만, 같은 회사에서 같은 방식으로 일하지 않습니다.
스타트업과 외국계, PO와 신입사원, 실무자와 실무자 사이에도 서로 너무도 다른 리듬이 흐르고는 합니다.

이 책은 이런 각각의 상황에 놓인 두명의 인원이 함께 책을 썼습니다.
한 명은 스타트업에서 13년을 버틴 시니어 PO이고,
다른 한 명은 외국계에서 첫 커리어를 시작한 주니어입니다.
우리는 매일 달랐고, 그래서 매일 이야기할 수 있었습니다.
이 책은 그 모든 티키타카의 기록입니다.

"누나, 시간 나면 이거 한번 읽어 볼래?"

1년 전쯤 동생이 보낸 메시지에 있던 링크는 동생이 몇 해 전부터 정성을 들이던 블로그였다. 워낙 전공과 직종 그리고 관심사가 다르니 대략 읽어 보고 "멋진데?" 한마디로 넘겼던 무심한 누나였었다. 가끔 생각이 나면 들어가서 읽어 보지만 나에겐 수백 장의 논문이나 전공서적보다 더 이해하기 어려운 말들과 내용에 "역시 멋진데?"로 간단히 끝을 맺곤 했다.

서로 알고 지낸(?) 세월이 반 세기가 조금 못 되지만 전형적인 한국의 누나 남동생 관계로 이제는 오랫동안 공간마저 다른 곳에 있으니 나는 그가 하는 일들을, 그는 내가 하는 일들을 구체적으로 잘 알지 못한다. 다만 나는 그의 놀라운 끈기와 열정을 알고 있고 믿고 있다. 그리고 얼마 전 "누나 나 책 내려고. 이거 한 번 읽어 봐."라고 했을 땐 나는 그가 결국 형제 경쟁 구도에서 나를 한 발짝 훌쩍 앞질렀음을 알았다.

《우리는 아직도 출근 중입니다》는 이제는 스타트업의 베테랑이며, 매우 활동적으로 블로그에서 활동하면서, 1.5만 명의 팔로워를 둔 두 명의 직장인의 눈을 통해, 매우 다른 공간과 직장 문화 속 생존과 적응의 경험을 나눈다. 그래서 그들의 대화는 실제적이며 매우 현실적이다.

솔직히 나는 스타트업을 잘 알지 못한다. 또한 한국의 경제와 직장 문화를 잘 안다고 하기엔 이미 그곳과 멀어진 지 너무 오래되었다. 하지만 《우리는 아직도 출근 중입니다》를 읽으면서 내가 미국에서 처음 나만의 문화와 기반을 세울 때의 기억이 떠올랐고 놀랍게도 어느 직장이나 그곳 나름에 문화가 존재하고 결국 사람이 그 문화를 이끌어 가며, 그곳엔 일정한 공통점이 존재함을 깨달았다.

한국이든 미국이든, 스타트업이든, 병원이든, 학교이든 그래서 사람을 읽어낼 줄 알아야 하며, 나를 발전시키는 것은 내 능동성이다. 나 역시 처음 이곳에서 낯선 문화와 언어로 고군분투할 때 일머리가 없었으며, 무슨 말인지 알아들을 수가 없어 일의 진행은 느리기만 했으니 내 스스로가 부족하게만 느껴졌다. 처음 어려운 Procedure를 배울 때, 그 기술을 능숙하게 보여 주던 사수에게 한없는 부러움으로 "어떻게 하면 너같이 멋지게 잘할 수 있을까?"라고 물어 본적이 있다. 그 사수는 딱 잘라 "딱 100번만 해 봐."라고 대답했다.

시간이 흘러 어느 날 후배에게 "어떻게 하면 너처럼 그걸 자연스럽게 할 수 있지?"라는 질문을 받고 나서야 나도 이미 100번 넘게 해왔으며 내가 얼마나 많이 해 보았는지 숫자도 더 이상 세어 보지 않는다는 것을 기억해냈다.

우리 모두에게는 인내와 시간이 필요하다. 경험과 여유로움을 축적할. 그리고 비록 어둡고 힘들고 실망스럽더라도, 자신들이 걸어왔던 그 길을 기꺼이 보여 주며 그들의 노하우를 나누려는 사람들, 우리의 직장 상사이며, 동료이며, 멘토이며 때론 전우였던 그들이 존재함을 잊지 말자. 그래서 나는 이 스타트업의 두 인재가 또 다른 공간과 시간 속에 어떻게 그들의 조직 문화를 깨우며 이끌어 갈지 매우 흥미롭다.

Diane Lee, Associate Professor MOLLOY UNEVERSITY

"잘되는 사람과 안 되는 사람은 질문이 달랐다."

안되는 사람은 '나의 커리어는 왜 이 모양일까?', '내 환경은 왜 이따위일까?'라는 질문을 한다. 잘되는 사람은 '내가 더 좋은 커리어를 만들려면 어떻게 해야 할까?', '오늘부터 무엇을 시작하면 될까?'라는 다른 방향으로 질문한다.

질문의 방향이 나와 실천으로 향하는 순간 인생의 궤도가 결정되는 것이다.

《우리는 아직도 출근 중입니다》의 두 저자, 이준혁과 변재일이 바로 그런 방향을 만드는 사람들이다. 스타트업의 PO와 외국계 기업의 직장인. 전혀 다른 환경이지만 이들이 하루하루를 대하는 태도는 놀랍도록 비슷하다.

"오늘 회의에서 내 의견이 묻혔는데, 다음엔 어떻게 말하면 더 효과적일까?" "신입인데 내가 잘 하고 있는지 모르겠네?" "야근이 반복되는데, 어떻게 하면 더 효율적으로 일할 수 있을까?"

이 책의 가장 큰 매력은 바로 이런 현실적인 질문들을 두 개의 서로 다른 관점에서 동시에 풀어낸다는 점이다. 같은 상황을 스타트업에서는 어떻게 해결하고, 외국계에서는 어떻게 접근하는지 비교해서 볼 수 있다. 마치 두 명의 친구가 퇴근 후 치킨집에서 하루 종일 쌓인 이야기를 털어 놓는 것처럼 생생하고 솔직하다. 특히 인상적인 것은 두 저자가 주고받는 티키타카 대화다. "너희 회사는 그런 상황에서 어떻게 해?" "우리는 이렇게 하는데, 너네는?" 이런 대화를 읽다 보면 어느새 내가 그 자리에 함께 앉아 있는 것 같은 착각이 든다. 그리고 자연스럽게 '아, 이런 방법도 있구나.'라는 깨달음을 얻게 된다.

실제로 책에서는 준혁이 "스타트업에서는 실패해도 빨리 실패하라고 하는데, 처음엔 이해가 안 됐어."라고 말하면, 재일은 "우리 회사는 실패 방지 시스템이 엄청 촘촘해서 오히려 그게 답답할 때가 있어요."라고 답한다. 이처럼 같은 '실패'라는 주제도 두 조직에서는 완전히 다르게 다뤄진다는 걸 알 수 있다.

무엇보다 이 책이 다른 직장인 에세이와 차별되는 점은 하루 타임라인을 시각적으로 보여 준다는 것이다. 오전 9시 출근부터 저녁 6시 퇴근까지, 두 사람의 하루가 어떻게 다르게 흘러가는지 한눈에 볼 수 있다. 이 시각적 타임라인은 독자가 자신의 하루를 객관적으로 돌아보게 하는 새로운 독서 경험을 제공한다.

스타트업부터 글로벌기업까지 다양한 회사를 경험한 나에게, 이 책은 단순한 직장 생활 에세이가 아니다. 서로 다른 두 조직의 문화와 시스템을 비교 분석할 수 있는 현실적인 가이드다. 동시에 매일 출근하는 모든 사람들에게 "너만 힘든 게 아니야."라고 말해 주는 따뜻한 위로이다.

첫 출근을 앞둔 사회초년생이라면 이 책을 통해 두 가지 다른 직장 문화를 미리 엿볼 수 있는 기회가 될 것이고, 이직을 고민하는 직장인이라면 자신이 진짜 원하는 환경이 무엇인지 명확히 할 수 있을 것이다. 옆자리 동료는 있지만, 진짜 동료는 없다고 느끼는 시대. 혼자 버텨야 하는 직장 생활이 버겁다면 이 책을 읽어 보길 권한다. 다음 날 출근길 당신의 발걸음이 조금 더 가벼워질 테니까.

《기획자의 질문법》 저자, Simplifier CEO 한성희

어쩌면 직장인이라면 누구나 한 번쯤은 스타트업에서 일해 보고 싶다는 생각, 또는 외국계 회사에서는 어떤 삶이 펼쳐질까 하는 상상을 해 봤을 것이다. 스타트업에 대해서는 '좀 더 속도감 있고 재미있게 일할 수 있지 않을까.', '더 능동적으로 일할 수 있을 것 같다.'는 기대가 있고, 외국계 회사에 대해서는 '수평적인 조직 문화와 다양한 커리어 개발 기회가 주어질 것 같다.'는 막연한 상상이 따르곤 한다. 그러나 그런 기대들은 어디까지나 머릿속 상상일 뿐, 실제로 겪어보기 전엔 알 수 없다.

이 책은 그 막연한 상상을 실제로 경험한 두 사람의 이야기를 통해 아주 생생하게 풀어낸다. 스타트업 베테랑과 외국계 신입사원의 티키타카라니, 정말 신선한 조합이다. 모든 스타트업과 외국계 회사를 대변할 수는 없겠지만, 이들이 풀어낸 일상과 고민은 매우 현실적이고, 공감가는 표현들로 가득하다.

나 역시 외국계 기업에서 20년 넘게 일해온 사람으로서, 재일님의 입사 초기 묘사에는 고개를 끄덕일 수밖에 없었다. 이 정도로 솔직하게 회사생활을 털어놔도 되나 싶을 정도다. 준혁님의 스타트업 이야기는 정말 놀라울 정도다. '맨땅에 헤딩'이라는 표현이 이토록 정확하게 다가온 적이 있었나 싶다. 특히 온보딩 기간을 스타트업과 외국계로 나눠 한 표로 비교한 아이디어는 참신하면서도 효과적이었다. 한눈에 차이가 보였다.

책은 단순한 경험담을 넘어 조직에서 어떻게 살아남고 성장할 수 있는지를 담고 있다. 보고의 기술, 조직 생활의 노하우, 그리고 리더십에 이르기까지 각 상황에서 두 저자가 느낀 점과 실제 대처 방법이 진솔하게 담겨 있다.

이 책은 두 직장인의 솔직한 자기 고백이자, 회사 생활의 팁을 집대성한 가이드북이다. 사회 초년생이나 대학생들에게는 회사 생활을 간접 경험할 수 있는 좋은 기회가 될 것이며, 직장생활을 하고 있는 사람들에게도 큰 울림과 통찰을 줄 것이라 확신한다.

권준혁 체이널리시스 한국지사장

글로벌 회사를 14년 다니다 스타트업에 입사했다.

첫 출근 날, 낯선 공기와 전혀 다른 속도감이 주는 긴장감이 지금도 생생하다.

첫 회의에서 무슨 말부터 꺼내야 할지 몰라 머뭇거리던 순간도 있었다.

글로벌 회사에서는 정해진 절차와 역할이 나를 감쌌다.

스타트업에서는 모든 것이 내 손끝에서 결정되고 곧바로 실행됐다.

스타트업의 시간은 세 배는 빠르게 흐른다.

빠른 결정과 실행 속에서 매일이 새로운 시도와 시행착오의 연속이었다.

그만큼 빠르게 성장할 기회를 얻었고, 그 과정에서 나를 단단하게 만드는 힘을 얻었다.

속도와 체계.

두 환경은 전혀 다르지만, 한 가지 닮은 점이 있다면

둘 다 '성장을 추구하는 사람'이 빛나는 무대라는 것이다.

《우리는 아직도 출근 중입니다》는

빠른 변화 속에서 다방면의 역량을 쌓아가는 스타트업의 하루와

체계와 전문성으로 커리어를 다져가는 글로벌 기업의 하루를
생생한 대화와 시각적 타임라인으로 풀어낸다.
이 책은 당신에게 묻는다.
"당신은 어떤 환경에서 일하고 싶은가?"
변화를 무기로 삼는 속도감 있는 무대일지,
체계 속에서 전문성을 다지는 무대일지,
그리고 그 선택이 당신의 내일을 어떻게 설계할지를 생각하게 한다.

이보람 크라우드아카데미 CEO

목차

입사의 문턱을 넘다

1장 ————————————————————————
첫 출근, 생존과 적응 사이

- 첫 출근, 스타트업에서 혼자 배운 온보딩

"여기가… 맞나?"

출근 첫날 아침, 나는 두 번쯤 건물 입구에서 걸음을 멈췄다. 건물 외관은 전혀 '회사' 같지 않았다. 지하엔 단란주점이 있었고, 1층엔 공인중개사 사무소. 내가 면접 봤던 그 회사 이름은 어디에도 없었다.

'진짜 여긴가?', '혹시 사기당한 건 아니겠지?'

그래도 다시 마음을 다잡고 입구로 들어갔다. 반계단을 올라가자, 회의하는 소리가 들렸다. 창립멤버 중 한 명이 나를 알아보고 반갑게 맞아줬다. "오셨어요?" 그게 다였다. 아무 소개도, 안내도 없었다.

나는 막연하게 생각했다. '스타트업은 유연하고 재밌고 창의적인 곳일 거야.' 맥북 하나씩 들고 자유롭게 브레인스토밍을 하고, 점심은 피자나 샐러드 같은 걸 시켜 먹고… 그런 장면을 상상했는데, 현실은 달랐다.

처음 받은 것은 '환영 인사'도, '팀 소개'도 아닌, 메일 한 통과 엑셀 파일 하나. 메일 제목은 "이거 먼저 한번 읽어 보세요." 내용은 아무런 설명 없이 제품의 기능 리스트가 빼곡하게 적힌 스프레드시트였다.

- 온보딩 문서? 교육 담당자?

없었다.

정확히 말하면, 그런 개념 자체가 없었다.

개발자들은 조용히 키보드를 두드리고 있었고, 디자이너는 이어폰을 끼고 노트북을 응시하고 있었다. 대표는 오전 미팅을 끝내고 들어와서 나를 보고 이렇게 말했다. "점심은 저희랑 같이 먹어요."

그게 전부였다.

점심은 근처 백반집이었다. 단골집이라며 종업원과 반갑게 인사를 나누던 대표는 밥을 먹으면서 회사에 대한 이야기 보단 주말에 어디를 다녀온 이야기를 했다. 내가 어떤 포지션으로 입사했고, 어떤 일부터 시작해야 하는지는 아무도 알려 주지 않았다. 다른 팀원들도 나를 특별히 신경 쓰지 않았다. 누군가는 내가 프리랜서인지, 인턴인지, 정직원인지조차 몰랐을 것이다. 유일하게 나를 반겨 주던 창립멤버조차, 말 한마디 건네기 어려울 만큼 바빠 보였다.

- 묻지 말고, 눈치껏, 혼자서

그날 오후, 나는 메신저 채팅방에 첫 질문을 올렸다. "이거는 어디에 있나요?"

답은 오지 않았다. 잠시 후, 과거 대화 기록을 검색해 보니 누군가가 똑같은 질문을 예전에 올렸고, 그때도 아무도 답하지 않았던 기록을 발견했다. 그 순간 알게 됐다. 이곳은 '물어보는 문화'가 없는 곳이라는 걸.

그래서 나는 조용히 탐험하기로 했다.

- 메신저의 지난 대화 기록을 전부 스크롤하고,
- 공유 드라이브의 폴더를 뒤지고,
- 공유 폴더에 정리된 문서를 찾아 읽으며,
- 회사가 무슨 일을 하고 있는지, 제품은 어느 단계까지 와 있는지,
- 기획은 누가 하는지, 개발자 디자이너는 몇 명인지, 역할은 어떻게 나뉘는지

하나하나 흔적을 수집했다.

퇴근 후, 근처 카페에 앉아 하루를 정리했다. 처음 보는 도메인, 낯선 기술 용어, 불명확한 기능 설명들을 하나씩 엑셀 파일에 옮겨 적었다. 그날 밤, 나는 단 한 가지를 배웠다.

"묻지 말고, 눈치껏, 혼자서."

- 내 온보딩 문서를 만들다

그날 이후, 나는 내 '온보딩 문서'를 만들기 시작했다. 그 문서는 아무도

시킨 적 없었고, 보여 줄 사람도 없었지만 내가 살아남기 위해 필요했다.

거기엔 이런 내용이 담겼다.

- 메신저 채널 중 '답변이 잘 오는 채널'과 '절대 무시당하는 채널'
- 공유 드라이브 폴더 구조와 파일명 규칙
- 기획안을 공유할 때 써야 하는 말투
- 피드백을 줄 때는 '제안'이 아니라 '질문' 형태로 해야 한다는 불문율
- 어떤 단어를 쓰면 개발자들이 예민하게 반응하는지

문서는 어느새 수십 페이지가 되었고, 나는 매일 그것을 다듬어 나갔다. 내가 실수한 부분, 어설프게 이해했던 용어, 팀원들의 말버릇, 회의에서 쓰는 약어들… 사실 그 문서는 문서라기보다, 나 자신을 보호하기 위한 생존 전략서에 가까웠다.

그리고 문득 이런 생각이 들었다. '혹시 내 뒤에 누가 들어온다면… 이거라도 남기고 싶다.' 그게 내가 만든 첫 번째 팀 문서였고, 그리고 그게, 내가 스타트업에서 처음 배운 기획이었다.

- 첫 온보딩에서 배운 것: 체계, 사람, 그리고 선택

"드디어 말로 듣고 글로만 보던 회사 생활이라니!"

설렘 반, 떨림 반으로 강남 쪽 사무실에 들어갔을 때의 기분을 아직도 기억한다. A 법인 17명, B 법인 11명. 총 28명의 동기들이 한자리에 모인 대규모 공채였다.

처음 봐서 다들 어색했지만, 다행히 링크드인에서 미리 보고 인사했던 동기가 있어서 존댓말로 어색하게나마 반가운 인사를 나눌 수 있었다. 그때만 해도 몰랐다. 이 28명과 함께 보낼 3주가 내 회사 생활의 기준점이 될 줄은.

- 체계가 주는 안정감

첫 회사 온보딩의 가장 큰 장점은 **확실한 로드맵**이었다. 3주간의 프로그램이 촘촘하게 짜여 있어서, 나같이 회사에 대해 아무것도 몰라도 빠르게 적응할 수 있도록 도와줬다.

PC 등록부터가 달랐다. 개인 컴퓨터와 회사 컴퓨터의 차이를 몸소 체험하는 순간이었다. 비밀번호 등록하고 소프트웨어 설치하는 것부터 절차가 복잡했다. "내 개인 컴퓨터보다 성능은 정말 좋은데 왜 이렇게 느리지?" 그 이유를 그제서야 이해할 수 있었다. 보안 프로그램들이 돌아가고 있으니까.

1주차에 1시간 정도 시간을 내서 해 준 압축 특강이 진짜 유용했다. 아웃룩 사용법, PPT 템플릿, 회사 내부 브랜드 페이지까지. 회사 생활에 필요한 다양한 툴들을 한 번에 배울 수 있었다. 지금까지도 그때 배운 스킬들을 계속 쓰고 있으니까, 정말 고마운 시간이었다.

1장짜리 자기소개 PPT를 만들어서 전사 메일로 전송하는 것도 똑똑한 방법이었다. 직원들이 "아, 인턴들이 왔구나." 하고 빠르게 인지할 수 있게 해 주는 거였다. 업무가 바쁜 시간에는 Pluralsight나 자체 콘텐츠를 이용해서 회사가 다루는 주요 제품들에 대해 과외를 받는 시간도 있었다.

그리고 글로벌 온보딩. 이건 진짜 규모가 달랐다. 아시아 태평양 본부에 입사한 사람들 전체를 대상으로 하는 거라, 두 명의 Learning leader가 엄청난 에너지로 진행했다. 회사의 조직문화에 대해 제대로 배울 수 있었다.

두 사람 모두 매우 긍정적이고 에너지가 넘쳐서 분위기가 고조됐다. 온보딩이 매우 길기 때문에 가끔 산만해지기도 했지만, 그 엄청난 에너지 덕분에 집중하려고 노력했다. Mural, Mentimeter 같은 툴과 줌을 활용한 강의 방식도 신선했다.

첫날 퀴즈에서 6등을 하기도 했다. 사람들이 부끄럼을 많이 타서 분임토의가 조용할 때가 있는데, 그럴 때를 이용해서 열심히 말도 해 봤다. 회사에서 성공한 많은 사람들을 특강으로 연결해 주기도 했는데, 나중에 강의를 들었다가 이름을 기억해 놓고 링크드인으로 일촌 신청을 해 보니까 좋았다.

Fred Giono의 말이 아직도 기억난다. "멍청한 질문은 없다, 나쁜 질문은 없다." 그 말 덕분에 질문하는 게 두렵지 않았다.

- 사람이 답이다: "경험담이 최고의 강의였다."

2주차부터는 **사람과의 만남**이 진짜 시작이었다. 지속적으로 남는 시간에는 Pluralsight, 자체 유튜브 강의 등을 이용해 ERP에 대해 공부했지만, 진짜 배움은 Learning journey라고 불리는 다양한 강의들에서 나왔다.

선배님들 강의가 제일 도움됐다. 대부분 내가 어떤 일을 했고, 정규직으로 어떻게 전환될 수 있는지, 그리고 인턴 생활에서 어떤 일을 했는지에 대해 알려 주고 싶어하셨다. 또한 일과 함께 해야 하는 Collaboration activity 팀에 대한 홍보도 하셨다.

일부 선배님들은 맛집 리스트를 가지고 오거나 본인들이 직접 제작한 영상을 보여 주셨다. 그중에서도 맨 마지막 날 카카오톡 오픈채팅방으로 듣고 싶은 주제 순위를 투표 받아서 1시간 동안 세션을 진행한 팀이 제일 인상 깊었다. 진짜 인터랙티브하고 재미있었다.

이 주에 2번 정도 선배들과 만나서 소규모로 그룹 대화를 하면서 더 깊게 질문할 수 있는 기회도 있었다. 선배님들이 귀중한 시간을 내어 설명해 주신 것이 감사했고, "나중에 기회가 된다면 나도 해 보고 싶다."는 생각이 들었다. 실제로 그다음 해 온보딩 때 나도 Global Event team 리더로 약 30분 정도 발표 기회를 맡아서 해 보기도 했다.

전문가 분들, 대부분 팀 리더급 강의는 스타일이 천차만별이었다. 본인의 라이프 스토리에 대해서 이야기해 주시는 분도 있었고, 제품 소개에 시간을 쓰는 경우도 있어서 정말 사람의 스타일에 따라 설명하는 방법이 다르다는 걸 느낄 수 있었다.

특히 세일즈 팀에서 일하시는 한 파트너님 강의가 인상적이었다. 본인이 대학 자수성가라면서, 전기파리채 업체를 만들면서 영업을 했던 경험을 통해 주인의식과 "The last N+1 try" 의식을 강조하셨다. 부드러우면서도 목표를 향한 열망이 있는 멋있는 모습에 많은 동기들이 탄복했다.

또한 다른 세일즈 분야에서 일하는 한 파트장님은 짧은 설명 후 즉문즉답 형식으로 강의를 이어 갔다. 어떤 것이든 말할 준비가 되어 있는 모습에서 엄청난 내공과 화술을 느낄 수 있었다. 온프레미스에서 클라우드로 바뀌는 이유에 대해서도 그때 처음 제대로 이해할 수 있었고, 이 회사는 여러 부서를 경험하는 것에 자유로운, Internal transfer가 활발한 조직임을 알게 되었다.

- 선택의 혼란도 성장이다: "매일 바뀌는 마음"

3주차부터는 두 인턴십이 분리됐다. 기술직 인턴들은 이미 2주차에 온보딩이 다 끝나기 때문에 바로 일을 하러 간다. 하지만 내가 속한 인턴은 한 주가 더 필요했다.

이 주에는 오전 9시부터 오후 6시까지 회사에 있는 모든 팀의 설명을 들어 볼 수 있었다. "회사를 하나 운영하기 위해 이렇게까지 많은 팀이 필요한가?" 놀랍기도 하고, 다들 너무 멋져 보이는 순간이었다.

회사의 팀장님들은 30분이라도 바쁜 시간을 내서 강의를 해 주셨다. 어떤 질문도 허용해 주셔서 스타 인턴들은 정말 학구열에 가득 차서 질문을 했다. 하루에 적게는 3개, 많게는 6개의 수업을 듣다 보니 집중력이 떨어질 수 있었지만, 다들 열심히 들었다.

그런데 동시에 팀을 결정해야 하는 게 문제였다. 계속 새로운 팀에 대한 설명을 들으면서 **매일매일 생각이 바뀌는** 정말 혼란한 시점이었다.

"어제까지는 저 팀이 좋았는데, 오늘 들어 보니까 이 팀도 재밌을 것 같고…."

지원이 마감되고 나면 충격의 연속이었다. 정원이 맞는 팀은 그대로 매칭되지만, 여러 명의 지원이 몰린 경우 간단한 면접을 보고, 탈락자들은 그 이후에 재지원을 통해 팀을 찾아가게 된다.

여기서 중요한 포인트를 깨달았다. **절대 내 이력만을 강조하지 말고, 내가 왜 이 팀에서 일하고 싶은지를 이야기할 것.** 그리고 결과가 예상대로 되지 않더라도 삶은 흘러간다는 것이다.

6개월에 한 번씩 어디에서 일할지 결정하는 로테이션 제도는 정말 스트레스 받지만, 그래도 삶은 잘 흘러갔다. 뛰어난 동기들과 원하는 팀을 가기 위해서 경쟁하는 것도 처음엔 당황스러웠지만, 나중에 생각해 보니 그것도 하나의 배움이었다.

- 솔직한 후기: "체계 vs 경쟁의 딜레마"

첫 회사의 온보딩에서 좋은 것은 확실했다. 회사에 대해 이해도가 엄청나게 높아진다는 점. 3주라는 시간이 길다고 생각할 수도 있지만, 막상 지나고 보니 그 시간이 없었다면 정말 헤맸을 것 같다.

스트레스받는 점도 분명했다. 뛰어난 동기들과 원하는 팀을 가기 위해서 경쟁하는 것. 매번 로테이션할 때마다 이런 과정을 거쳐야 한다는 것.

그런 점에서 생각해 보니, **회사에 입사할 때 포지션이 어느 정도 정해진 곳을 가는 게 회사에 대한 나의 기대를 일치시키기 좋다는 점에서 스트레스도 덜 받을 수 있기 때문에 추천한다.**

하지만 뭔가, 이런 혼란 속에서도 배운 게 많았다. 체계적인 온보딩의 힘, 사람과의 만남에서 오는 진짜 인사이트, 그리고 불확실성 속에서도 선택해야 한다는 현실.

첫 온보딩은 그렇게 끝났다. 그리고 지금 두 번째 회사에서 또 다른 온보딩을 경험하면서, 첫 번째 경험이 얼마나 소중한 기준점이 되고 있는지 새삼 느끼고 있다.

서로의 첫 출근, 그 충격

재일: 형, 진짜 아무 온보딩도 없었어요?

준혁: 응, 진짜 아무것도 없었어. 그게 현실이었지.

재일: 저는 회사마다 달랐는데, 많을 때는 팀을 제대로 골라야 한다는 부담 때문에 눈치가 보였고, 너무 적으니까 내가 잘 적응할 수 있을지 궁금했어요.

준혁: 없어도 불안하고, 많아도 불안한 거네. 결국 초반에는 불안한 게 정상이야.

재일: 그런데 형은 왜 굳이 온보딩 문서를 만들었어요? 회사에서 시킨 것도 아니잖아요.

준혁: 살아남고 싶었고, 나 같은 사람 또 생기면 안 될 것 같았어. 매뉴얼이 없다는 건, 살아남은 사람이 매뉴얼이 된다는 뜻이더라고.

재일: 맞아요. 실제로 두 번째 회사에서는 매뉴얼을 보니까 업무를 빨리 익힐 수 있었어요. 인수인계의 중요성에 대해서 다시 배운 시간이었죠.

시간	이준혁 - 스타트업	변재일 - 외국계 기업 (두 번째 회사 기준)
09:00	지하에 단란주점 2층에 간판도 없는 사무실 발견, 들어갈까? 말까?	정해진 자리에 웰컴 키트 준비 완료
10:00	팀원들 인사 없음 엑셀 파일 하나 받고 서비스 파악 시작	입사 같은 날 한 사람과 근로계약서 사인
12:30	메신저 눈치 보기 + 질문은 묵살	팀원들과 함께 식사
15:00	내 온보딩 문서 직접 작성 시작	팀장과 1:1 진행
18:00	퇴근 후 카페에서 문서 정리하며 자율 생존 결심	퇴근

- 티키타카 인사이트

• 온보딩은 있다고 안심되는 게 아니고, 없다고 끝장이 나는 것도 아니다.

• 스타트업은 혼란을 견디는 힘을 배우고, 외국계는 시스템 속에서 스스로의 방식을 찾아야 한다.

• 준비된 회사도, 준비 안 된 회사도 결국 중요한 건 같다.

☞ "첫날, 내가 나를 어떻게 다룰 것인가."

2장 ─────────────────────────────
일머리는 정말 타고나는 걸까?

이준혁

- 스타트업에 오자, 일머리가 없어져 버렸다

나는 한동안 스스로를 '일 잘하는 사람'이라고 믿었다. 보고서는 기한 보다 일찍 내고, 협업 시 커뮤니케이션도 원활했다. 엑셀 수식도 빠삭하고, 회의 땐 요점을 정리해 주는 사람이었고, "준혁님은 일머리가 있어." 라는 말이 마치 자격증처럼 따라붙었다.

그 말이 나를 지탱해 줬다. 적어도 이전 회사들에서는. 하지만 스타트업에 오자, 그 자격증은 하루 만에 휴지조각이 되었다. 오히려 '일머리 없는 사람'이 되어 버린 기분이었다. 아무도 가르쳐 주지 않았고, 매뉴얼도 없었고, '착실하게 주어진 일을 해내는 사람'이란 정체성은 여기선 아무 쓸모가 없었다.

- 알아서 해 주세요?!

스타트업에서의 회의… 화면 너머 대표가 말했다. "이번 분기 OKR은 PRD 기준으로 MMP에 PMF까지 도달하는 걸 목표로 하고요, GTM은 AARRR 기반으로 풀어 봅시다."

순간, 내 머릿속은 정지됐다. "죄송한데요… 방금 그게 무슨 뜻이죠?" 질문을 던지자 회의실의 공기가 살짝 식었다. 그건 '아, 이건 다 아는 거 아닌가….'라는 미묘한 분위기였다. 누구도 친절하게 설명해 주지 않았고, 나는 그 순간부터 '모르는 사람'으로 분류되었다.

하지만 문제는 단순한 용어의 난해함이 아니었다. "이거 보고 알아서 해 주세요." 메신저와 문서 하나가 나의 업무였다. 피그마엔 수십 개의 화면이 있었고, 채팅방에선 음성보다 이모지가 더 많았다. 회의는 30분인데, 액션 아이템은 없고, 피드백은 공중에 흩어졌다. '일머리'란 단어가 오히려 폭력처럼 느껴졌다. '알아서'가 전제인 조직에서, 아무것도 모르는 나는 출발선조차 보이지 않았다.

- 그래서, 나는 스타트업 용어집을 만들기 시작했다

그날 저녁, 노트를 펼쳤다. 1페이지엔 이렇게 썼다. "스타트업 용어사전 - 이건 내가 살아남기 위한 무기다."

OKR, PRD, GTM, MMP, AARRR, Perspective, Approach, Resource, Revenue… 구글에 검색해도 실무 맥락은 안 나오는 난해한 단어들 그래서 메신저 대화를 복기하며, 내 나름의 정의를 붙였다.

2페이지엔 '우선순위 판단 리스트' 긴급하지만 중요하지 않은 일 vs 중요하지만 긴급하지 않은 일. 업무 자체보다 업무의 순서를 정하는 게 더 중요하단 걸 깨달았다. 왜냐하면, 그 누구도 이걸 말해 주지 않았기 때문이다.

그리고 3페이지엔 이렇게 적었다. "혼란을 정리하는 사람이 결국 일머리 있는 사람이다." 이 문장은 그 후 몇 달간 나의 생존 신조가 되었다.

- 일머리는 타고나는 게 아니라, 버텨서 만들어진다

1개월쯤 지나자, 메신저에 이런 멘션이 달리기 시작했다. "이건 준혁 님이 먼저 봐 주세요." "이 업무는 어떤 순서로 풀면 좋을까요?" 나는 일머리가 '생긴' 게 아니었다. 그저, 혼란 속에서 살아남는 법을 익혔을 뿐이었다.

남들이 보기엔 자연스러워 보일지 몰라도, 그건 내 안에서 수십 번 삽질하고, 방향을 잃고, 정답이 뭔지도 모르고 써 내려간 회고록 끝에 남은 작은 '감각'이었다.

스타트업에서의 일머리는, 정해진 메뉴얼을 얼마나 잘 따르냐가 아니라, '이 일의 본질이 뭔지', '지금 이 시점에서 제일 중요한 게 뭔지' '어떻게 풀어야 이 문제가 앞으로 굴러가는지'를 감으로라도 잡아내는 안목이다.

그리고 그 안목은, 수많은 몰입의 순간과, 수없이 비효율을 반복해 본 사람만이 갖게 되는 생존형 직감이다.

그래서 나는 확신하게 되었다. 일머리는 타고나는 게 아니다. 끝까지 살아남으려는 사람에게 붙는 흔적 같은 것이다.

- 일머리는 정말 존재할까?: 학교 vs 회사, 완전히 다른 게임의 법칙

누군가 일머리가 실제로 존재하냐고 묻는다면 나는 당연히 있다고 답할 것이다. 다만 그게 타고나는 건 아니라고 생각한다.

학교에 있을 때는 간단했다. 시간을 들여서 열심히 외우고 예습, 복습만 꾸준히 하면 성적이 잘 나왔다. 혼자서도 꾸준히 하면 이뤄낼 수 있는 것이 많았다. 성과는 오로지 내 노력에 비례했다.

하지만 회사에서는 아니었다.

회사에서는 같이 일을 하기 때문에 혼자 너무 앞서가도 안 되고, 너무 뒤쳐져도 안 되는 것이 어려웠다. 학교에서 배운 '열심히 하면 된다.'는 공식이 완전히 무너졌다.

절대 혼자서 일을 하면 안 된다는 걸 깨달았다. 진행하면 된다고 생각해도 한 번 정도는 상사에게 의견을 묻는 것이 필요했다. 그렇게 하지 않고 진행을 강행해 버리면 상사나 다른 팀과 생각이 달라서 크게 사고가 나는 경우가 많았다.

혼자만 잘해서는 안 된다. 함께 잘해야 한다.

- 일머리를 기르는 나만의 생존 시스템

1. 모든 업무를 프로세스로 만들어라

오늘 하루의 일을 처리하는 경우가 많다 보니 프로세스나 흐름을 보는 것은 어려울 때가 많았다. 하지만 결국 더 광범위하고 고차원적인 업무를 하기 위해서는 프로세스가 중요하다는 것을 깨달았다.

대부분의 업무는 어느 정도 루틴화되어 있어서 그 단계를 빠르게 이해할 수 있었다. 회사에서 수첩을 주면 그 수첩에다가 도식을 그려 봤다.

동그라미를 하나 그리고 그 단계에 있어야 할 일을 썼다. 화살표로 다음 단계와 연결했다. 그렇게 해서 동그라미와 화살표를 모두 그리고 나면, 그 아래에다가 적었다. 어떤 일을 내가 해야 하는지, 어떤 것을 고려해서 업무를 수행해야 하는지, 누구에게 연락해야 하는지까지.

시각화하니까 머릿속이 정리됐다. 업무가 단순한 할 일이 아니라 연결된 프로세스로 보이기 시작했다.

2. 두 번 물어보지 않는 온보딩 노트

또한, 두 번 물어보지 않는 것도 중요하다고 생각한다. 개인적으로 온보딩 노트를 만들어서 한 번 이야기해 준 것을 이해할 수 있도록 하고자 했다.

어떤 것에 대해서 배우면, 그 부분에 대해서 빠르게 메모를 해뒀다. 2주에 한 번씩 그 노트를 체계적으로 정리했다. 내가 해야 할 업무가 무엇이고, 어떤 것을 신경 써서 일해야 하는지에 대해서 확인했다.

같은 질문을 반복하는 건 상대방에게도 미안하고, 나에게도 비효율적이다. 기록하는 습관이 결국 일의 속도를 높여 줬다.

3. 눈치라는 이름의 현실 감각

그리고 중요한 것이 눈치인데, 이런 것은 학교에서 잘 배우기 어려운 부분들이 있다.

옷을 입을 때 영업들은 주로 정장을 입어야 한다거나, 뭔가 드릴 게 있어서 회의실에 들어가면 노크를 하고 들어가서 드릴 것만 조용히 드리고 인사를 하고 나오거나….

사실 이런 부분들은 유튜브나 책을 통해서 배우는 것을 추천한다. 요새는 주니어를 위해서 엄청나게 많은 책이 나오고 있다.

신수정 작가님의 『커넥팅』은 링크드인 구루답게 어떻게 나의 커리어 포트폴리오를 만들어갈지에 대해서 연결성 있게 잘 다뤘다. 백종화님의 『나의 첫 커리어 브랜딩』은 주니어가 어떻게 해야 성장할 수 있는지에 대해서 구체적으로 알려 준다.

박종경님의 『인생의 컨닝페이퍼』에서는 20대가 가져야 할 마인드셋을, 이대욱님의 『더 퀘닝』에서는 글로벌 기업 임원이 직접 알려주는 직장 레버리지 방법을 배울 수 있다.

하지만 결국 책만으로는 한계가 있다. 현장에서 관찰하고 경험해야 진짜 눈치가 생긴다.

- 성장하는 사람들의 공통 습관: 피드백을 받아들이는 마음가짐

하지만 제일 중요한 것은 피드백을 받아들이는 태도라고 생각한다. 경험이 쌓여도 부족한 부분은 항상 있다.

남에게 지적을 받는 것이 기분 좋을 수 있는 사람은 하나도 없다. 나도 마찬가지다. 처음에는 속상하고 화도 났다. '왜 나만 갖고 그래?' 하는 생각도 들었다.

하지만 그러한 피드백을 주는 것은 실제로 내가 그것을 받아들이고 성장하기를 원해서 주시는 부분이라고 생각하게 됐다.

그 부분을 인정하고 감사한 마음을 가지며, 너무 비논리적이지 않은 부분은 빠르게 받아들였다. 어떻게 하면 같은 실수나 잘못을 두 번 하지 않을 수 있을까 고민하는 것이 중요하다고 깨달았다.

진정한 실천과 변화를 보여 줄 때, 사람들은 나를 믿기 시작한다고 느꼈다.

- 7:2:1 법칙과 현실적 성장

7:2:1이라는 공식을 좋아한다. 10%는 공부에서, 20%는 코칭과 멘토링에서, 70%는 실제 업무를 하면서 배운다는 공식이다.

현재 대학과 산업계의 차이가 커지면서 이 공식은 앞으로도 더 유효할 것 같다. 학교에서 배운 것만으로는 실무에서 통하지 않는다. 결국 현장에서 부딪히면서 배워야 한다.

멘토링이나 코칭은 방향을 잡아 주는 역할이다. 완전히 혼자 헤매지 않도록 도와주는 나침반 같은 존재다. 하지만 결국 길은 내가 직접 걸어야 한다.

공부는 기초 체력을 기르는 정도다. 10%라고 해서 중요하지 않은 게 아니라, 나머지 90%를 받아들일 수 있는 기본기를 만들어 주는 역할이다.

- 일머리의 정체

결국 일머리란 무엇일까?

왕도는 없다. 많이 실천하고 실패한 부분은 복기하고, 똑같은 실수를 하지 않는 것. 그것이 일머리가 아닐까?

일머리 좋은 사람들을 관찰해 보니 공통점이 있었다. 그들은 실패를 두려워하지 않았다. 대신 같은 실패를 반복하는 것을 두려워했다. 매번 조금씩 발전하는 모습을 보였다.

그리고 혼자 잘하려고 하지 않았다. 팀 전체가 성공할 수 있는 방법을 고민했다. 상사의 의도를 파악하고, 동료와 협업하고, 후배에게는 자신이 배운 것을 전수했다.

무엇보다 자신을 객관화할 줄 알았다. 감정적으로 반응하기보다는 피드백을 받아들이고 개선점을 찾았다. 자존심보다는 성장을 택했다.

일머리는 타고나는 게 아니다. 만들어가는 것이다. 시행착오를 거치면서, 피드백을 받아들이면서, 끊임없이 개선하면서 쌓아가는 것이다.

그리고 그 과정에서 가장 중요한 건 겸손함이다. 아직 모르는 게 많다는 걸 인정하고, 배우려는 자세를 유지하는 것. 그것이 진짜 일머리의 시작이 아닐까.

일머리는 타고나는 게 아니라 키우는 것이다

재일: 형은 일머리 타고났다고 생각했어요.

준혁: 나도 그런 줄 알았어…. 스타트업 오니까, 나도 일머리가 없어져 버렸어…. 근데 그게 그냥 스타트업의 흐름이더라고.

재일: 전 기억에 의존하다가 실수를 많이 해서, 요새는 Onenote 이용해서 열심히 기록을 하고 있어요.

준혁: 그럴 땐 흐름으로 그려 봐. 일은 연결돼 있으니까.

재일: 그러니까 일머리는 사고방식이네요?

준혁: 맞아. 정리력, 우선순위, 흐름— 이 세 개만 잡히면 누구나 생겨.

루틴 비교

구분	이준혁 - 스타트업	변재일 - 외국계 기업
아침루틴	급한 일부터 체크	캘린더/메일 확인
업무 진행 방식	우선순위 수기 작성	Onenote/Outlook에다가 할 일 기록한 후 처리
반복 업무 처리	직접 정리하여 구조화	템플릿 자동화
퇴근 전	그날 배운 점 정리	다음 날 일정 미리 구조화

- 티키타카 인사이트

- '일머리'는 머리가 아닌, 순서와 흐름의 문제다.

- 외워서가 아니라 연결해서 이해하면 일이 가벼워진다.

- 메모, 흐름도, 반복 정리 - 단순한 습관이 결국 일머리를 만든다.

☞ "일머리는 연습의 총합이다."

회의는 왜 이렇게 많은가

이준혁

- 뫼비우스의 띠처럼 끝나지 않는 회의의 늪

스타트업은 빠르게 움직이는 조직이라고 들었다. "우리는 의사결정이 빠른 팀이에요.", "수평적인 문화라 누구든 의견 낼 수 있어요." 입사 전 들은 이야기였다.

하지만 막상 일해 보니, 이상할 정도로 회의가 많았다. 회의는 짧지 않았고, 실시간 참여가 원칙이었으며, 종종 갑자기 잡혔다. 특히 문제는, 그 많은 회의가 대부분 '결정 없이' 끝난다는 점이었다.

회의록은 없고, 결정자는 없고, 책임자도 없고. 누군가 "이건 다음 회의에서 다시 논의하죠."라고 하면 그다음 회의는 한 주 뒤였다. 그리고 같은 말이 또 반복됐다. 그 회의가 끝날 때쯤 나는 묻고 싶었다.

"우리는 지금 무슨 말을 한 거죠?"

- 회의가 회의를 낳는 이상한 생태계

"이건 대표님이 한번 보셔야죠.", "방향성을 다시 정리해 보면 어떨까요?", "일단 이렇게 해 보는 걸로 정리… 는 하지 말고요, 좀 더 이야기해 보죠."

그건 마치 누가 먼저 결론을 말하면 그 순간 '책임'이 그의 몫이 되는 듯한 분위기였다. 누구도 그 선을 넘지 않으려 했고, 대신 말들은 공중을 떠돌았다.

회의는 의견을 정리하려는 자리가 아니라, 책임을 회피하려는 공모장이 됐다. '우리 다 같이 얘기했잖아요.'라는 면피용 장치. 그렇게 회의는 자꾸 반복됐다. 같은 주제, 같은 사람, 같은 말. 시간만 쌓였고 결정은 없었다.

- '회의'는 결정의 순간이 아니라, 책임을 유예하는 시간

회의가 끝나고 나면, 꼭 이런 말이 나왔다. "이거, 메신저에 한번 정리해 볼게요.", "일단 PRD로 풀어보고 피드백 주세요.", "이건 PO님이 정의를 내리셔야 하지 않을까요?" 그 말들은 전부, '나는 아니다.'라는 의미를 가진 다른 말이었다.

한번은 대표가 등장한 회의에서 이런 일이 있었다. 중요한 기능 출시 일정을 조정해야 하는 상황. 각 팀은 서로 눈치를 보다가, 대표가 "시간 좀 더 줄게요. 다음 회의에서 정하죠." 하고 회의를 끝냈다. 그리고 그 기능은 두 달 넘게 출시되지 않았다.

- 회의가 많을수록 의사결정은 약해진다

나는 처음엔 이 회의 문화가 단지 '비효율적'이라고만 생각했다. 하지만 점점 알게 됐다. 회의가 많을수록 조직은 실제로 아무것도 정하지 못한다는 것.

실행력은 '속도'보다도 '방향'에 더 크게 좌우된다. 그런데 그 방향을 아무도 정하지 않으니, 팀원들은 결국 제자리걸음을 한다.

심지어 몇몇 팀원은 "회의 많아서 일 못 해요."라며 회의를 피하기 시작했다. 이제는 '회의 참여'조차 '태도'로 평가되는 분위기가 생겨났다. 하지만 아무도, 정작 그 회의들이 무엇을 바꾸었는지 물어보진 않았다.

- 기준 없는 회의는 독이 된다

그래서 나는 작은 시도를 했다. 회의 전, 딱 하나의 질문을 던지기 시작했다. "이 회의는 무엇을 결정하기 위한 자리인가요?"

놀라운 일이 벌어졌다. 질문 하나만으로, 회의가 달라졌다. 모호하게 시작한 회의는 즉시 종료됐고, 결정자가 없는 회의는 사라졌고, 누가 준비도 안 한 회의는 더 이상 열리지 않았다. 회의란 결국, '책임지는 사람이 참여할 때' 비로소 움직이는 조직의 엔진이었다.

- 회의보다 더 나쁜 건, 회의가 일의 전부가 되는 것

지금도 나는 매일 회의에 참석하지만, 내가 먼저 회의를 제안하는 경우는 거의 없다. 누군가 말로 하지 못하는 걸 텍스트로 풀 수 있다면 그게 더 빠르고, 메신저 한 줄로 해결할 수 있다면 회의는 필요 없다.

회의는 실행을 위한 도구일 뿐, 목적이 되면 안 된다. 그걸 잊는 순간, 조직은 말이 많은데, 아무 일도 하지 않는 팀이 된다. 회의의 적은 잡음이 아니라, 오늘 회의 왜 하는 거지?라는 말이 나오지 않는 조직이다.

- 외국계 회의의 숨겨진 법칙들: 주니어에게 회의는 선택이 아닌 시험

생각보다 외국계는 주니어가 들어가야 하는 미팅이 많지 않다. 1~2주에 한 번씩 팀 회의를 들어가면 되는데, 내가 주체가 되어 뭔가를 논의해야 할 일이 잘 없기 때문이다.

외국계 기업에서 회의를 들어간다는 것은 내가 책임지고 진행하는 프로젝트가 있는 경우다. 그 프로젝트의 내용에 대해 설명하고, 다양한 질문과 반론을 받은 후, 앞으로 프로젝트의 방향성을 설명하기 때문에 그 중압감이 엄청난 경우가 많다.

그래서 주니어에게 회의 참석은 일종의 시험 같은 거였다. 기회이자 동시에 평가의 장이었다.

- 회사별로 다른 회의 문화

1. 첫 번째 팀: 조용한 관찰자

첫 번째 팀에서는 원온원을 많이 했고, 미팅을 들어갈 일이 없었다. 미팅을 들어가면 주로 Note-Taking을 했다. 기록을 통해 현재 어떤 일이 일어나고 있는지에 대해서 빠르게 따라가고, 모르는 것이 있으면 그게 무엇인지 선임들께 물어보고 깨달음을 주로 얻곤 했다.

팀마다 팀 회의 분위기가 달랐다. 첫 번째 팀의 경우 대부분 온라인으로 회의가 진행되어 팀즈나 줌을 통해서 들어가야 했다. 팀에서는 빠르게 상부에서 내려온 업데이트를 전하고, 그다음에 필요한 일정들만 논의하고 퀵하게 회의가 끝나서 가끔 팀의 흐름을 따라가기 어려운 경우가 많았다.

온라인 회의의 단점이 여기서 드러났다. 분위기를 읽기 어렵고, 질문하기도 애매하고, 뭔가 겉돌고 있는 느낌이 계속 들었다.

2. 두 번째 팀: 배움의 공간

두 번째 팀의 경우는 오프라인으로 진행됐다. 그래서 모르는 것을 빠르게 물어보기 좋았고, 다른 팀을 초청해서 배움의 시간을 가지기도 했다.

같은 기업이라도 너무 많은 솔루션이 있었기 때문에, 그 솔루션이 무엇인지 어떻게 하면 우리의 솔루션과 다른 팀의 솔루션을 합쳐서 영업을 할 수 있을지 귀중한 인사이트가 도출되기도 했다.

그리고 외국계 기업은 성과평가나 목표 관련한 이야기도 정말 많이 하는 편이었다. 직원 개개인별로 목표를 설정하기 위해 매니저와 상담을 해야 했으며, 어떻게 올해 작년과 다르게 성과를 평가하는지에 대해서 매니저님께서 회의 때 주로 친절하게 알려주었다.

이때가 가장 회의다운 회의를 경험한 시기였다. 정보도 얻고, 배움도 있고, 내 역할도 명확했다.

3. 마지막 팀: 뒤에서 받쳐 주는 역할

마지막 팀에서는 회의에 참석할 일이 없고 회의실 세팅만 담당했다.

임원 회의였기 때문에 신입 직원이 배석하는 것이 적당하지 않다고 여긴 것 같았다. 대신에 같이 일하던 파트너님께서 자주 커뮤니케이션을 하면서 업무를 할 수 있도록 많이 챙겨 주셨다.

- 예상치 못한 6시간 마라톤 회의

사실 첫 회사에서는 회의에 참석할 일도 많이 없었을뿐더러, 참석을 한다고 하더라도 그렇게 영양가가 있지 않았다. 하지만, 두 번째 회사에 이직하게 되면서 상황이 조금 달라졌다.

두 번째 회사에서도 첫 3개월간은 열심히 일을 했다. 현재 내가 하는 일을 열심히 하고, 임원이 방문하면 임원께서 회의를 잘할 수 있도록 열심히 회의실을 셋업하고, 간식을 준비하는 역할을 담당했다.

그러던 중, 어느 날 출근을 했는데 갑자기 미팅 인비테이션이 이메일로 날아왔다.

아무 준비도 안 된 상태에서 강제로 미팅에 끌려 들어갔다. 11시에 시작된 회의는 오후 5시까지 약 6시간을 논스톱으로 진행됐다. 이렇게 길게 미팅을 해 본 것은 처음이라서 너무 힘들었다.

중간에 막 이것저것 해결해 달라고 팀즈 메시지가 날아들기도 했다. 분명히 방해 금지를 했는데도 왜 메시지가 자꾸 뜨는지는 도저히 알 수 없는 부분이다.

6시간 동안 앉아 있는 것만으로도 체력적으로 힘들었는데, 집중력까지 유지해야 하니까 정말 녹초가 됐다.

- Meeting Note, 생각보다 어려운 기술

미팅에서 내가 한 일은 Meeting note를 쓰는 일이었다. 어떤 것이 중요한 것인지 이해를 하려고 노력했고, 중요하다고 생각하는 것을 찾아서 썼다.

처음에는 회의의 주요 참석자 및 주제에 대해서 쓰고, 주제별로 어떤 것을 논의하려고 했는지에 대해서 작성했으며, 마지막으로 액션 플랜에 대해서 썼다.

사실 Meeting note를 써 본 적이 없으니까 어떤 것이 좋은지에 대해서 Claude AI에게 물어보면서 해결을 하려고 노력을 했다. 하지만, 이렇게 노력했음에도 결국 회의 결과는 이사님을 만족시키지 못했다.

그래서 결론적으로 피드백 미팅을 진행하게 됐다.

- 죽은 사람이 되지 않기 위한 노력

'회의에서 한마디도 못 하면 죽은 사람이다.'

라는 문구를 기억하면서 중간중간에 이야기도 해 보려고 노력은 했지만, 아직 회의에 대한 지식이 많이 있지 않다 보니까 우선은 회의를 경청하는 게 우선적이라는 사실을 깨달았다.

무작정 말하는 것보다는 적절한 타이밍에 의미 있는 한마디를 하는 게 훨씬 나은 것 같았다. 그런데 그 타이밍을 잡는 게 또 어려웠다.

- 이사님이 말하는 '기회'의 의미

이사님은 실제로 사장님을 하고 싶으신 분이었다. 그래서 주니어에게 첫 5년간은 Extra Mile을 갈 것을 강조했다. 개인적으로 한 업무를 꼼꼼히 챙기고, 외국 임원 방문 과정에서 굉장히 주도적으로 액션을 했는데 그 부분을 좋게 보고 나에게 기회를 주는 것이라고 강조했다.

'회의에 들어가서 서기를 하는 것이 왜 기회지?'

사실 아직은 잘 이해가 되지 않았다. 물론 이사님은 일단 이렇게 일을 하면서도 기존 업무도 당연히 퀄리티 있게 유지해야 One of them이 안되고 더 높은 Long-term goal을 이룰 수 있다고 이야기를 했다.

나중에 생각해 보니 이사님 말이 맞았다. 회의에 참석한다는 건 의사 결정 과정을 지켜볼 수 있다는 뜻이었다. 어떻게 결정이 내려지는지, 어떤 요소들이 고려되는지, 누가 어떤 영향력을 가지고 있는지를 관찰할 수 있는 기회였다.

- 영업 마인드로 접근하는 회의록

이사님은 영업을 경험한 적이 있기 때문에 회사의 모든 기능은 영업을 서포트해야 한다고 이야기했다. 그래서 미팅을 할 때는 PPT를 요약해서 적는 것이 아니라 최대한 모든 것을 다 적고, 나중에 정리하는 것이 더 현명하다고 조언해 주셨다.

처음에는 이해가 안 됐다. 하지만 나중에 깨달았다. 뭐가 중요한지는 미팅이 끝나고 나서야 알 수 있다는 것을. 미팅 중간에 내가 중요하지 않다고 생각한 것이 나중에 핵심이 될 수도 있었다.

- 기술의 힘을 빌리기

하지만 그럼에도 회의를 다 따라잡는 것은 현실적으로 어려운 이야기여서, 관련하여 앞으로는 다글로나 네이버 클로바 노트 같은 앱으로 먼저 필기를 녹취하면서 동시에 속기도 진행하려고 한다.

이제는 기술의 도움을 받아서 놓치는 부분을 최소화하고, 내 역할에 더 집중할 수 있을 것 같다. 회의록 작성이라는 기술적인 부분은 AI가 도와주고, 나는 회의의 맥락과 분위기를 읽는 데 더 집중할 수 있게 됐다.

결국 회의도 하나의 스킬이었다. 처음에는 어려웠지만, 경험이 쌓이고 도구도 활용하면서 점점 나아지고 있다는 걸 느낀다. 무엇보다 이사님이 말한 '기회'의 의미를 조금씩 이해하게 되는 것 같다.

회의의 본질은?

재일: 형 회사는 회의 자주 했어요?

준혁: 미친 듯이 했지. 근데 결론은 항상 '대표님 보고 결정하자.'.

재일: 저흰 회의 자주 하긴 해도, 다 정리는 돼요. 대신 너무 자주 해서 피
  곤하긴 해요….

준혁: 스타트업은 회의가 '의사결정 대행'이고, 외국계는 '책임 분산 도구'
  같아.

재일: 결국 회의는 결정보단 책임을 나누는 구조네요.

준혁: 맞아. 회의는 말이 아니라 구조를 바꿔야 끝나.

회의 타임라인 비교

시간	이준혁 - 스타트업	변재일 - 외국계 기업
09:00	전날 회의 안건 메신저에 공유	캘린더 초대 링크로 회의 자동 리마인드
10:00	대표 없는 회의 - 결론 유보	30분 미팅 - 회의록 실시간 작성
13:00	회의 재소집 - 새로운 안건 등장	중간 점검 회의 - 액션 아이템 정리
16:00	또 다른 회의 - 결론 없이 종료	마무리 회의 - 다음 회의 일정 확정
18:00	회의로 하루가 끝남	업무 정리 및 회의록 자동 저장

- 티키타카 인사이트

• 회의는 말로 끝나지 않는다. 회의의 구조가 결정의 구조다.

• 스타트업은 회의의 목적을 분명히 해야 하고, 외국계는 회의의 빈도
와 피로를 관리해야 한다.

• 회의를 줄이는 게 답이 아니라, 회의로 결정할 수 있는 구조를 만드
는 것이 답이다.

☞ "회의는 사람보다 시스템이 책임지는 문화에서 시작된다."

4장 ─────────────────────

보고의 기술, 리포트냐 리얼토크냐

이준혁

- 보고는 문서의 기술이 아니라, 눈치의 기술이었다

스타트업에 오기 전까지, 나는 보고서를 잘 쓴다는 자부심이 있었다. 수치를 정리하고, 흐름을 분석하며, 인사이트를 도출하고, 액션 아이템을 명확히 제시하는 것. 그게 '일 잘하는 사람'의 증거라 믿었다.

첫 보고에서도 나는 그렇게 했다. 깔끔한 디자인, 정확한 숫자, 논리적인 흐름. 분석 결과와 결론까지 삼단논법으로 정리한 자료를 들고 대표 앞에 섰다.

그리고… 돌아온 반응은 냉랭했다.

"이거 너무 디테일한데?"

"왜 이렇게 두루뭉술해?"

"그걸 왜 이제 얘기해?"

전혀 다른 말들인데, 동시에 나왔다. 순간 머릿속이 새하얘졌다. '디테

일하다면서 왜 두루뭉술하다는 거지?', '정확하게 썼는데… 타이밍이 늦었나?' 나는 혼란에 빠졌다.

보고가 늦으면 "왜 이제 와서 말하냐."는 소리를 들었고, 보고가 빠르면 "왜 벌써부터 걱정을 하냐."는 반응을 받았다. 한마디로, 보고의 기술은 내용보다 '언제, 누구에게, 어떤 분위기에서' 하느냐가 전부였다.

- 스타트업 보고는 결국 '눈치게임'의 연속

문서가 정성껏 준비되었든 말든, 대표가 바쁘면 메신저에 올린 문서는 그대로 '읽지 않음' 상태로 남았다. 오프라인 면담은 예고 없이 불쑥 찾아왔고, 회의에서 누군가 "그 자료 어디 있어요?"라고 묻기 전까지 리포트는 세상에 존재하지 않는 것과 다름없었다.

그래서 나는 어느 순간부터 보고서를 먼저 만들지 않기 시작했다. 대신, 짧은 대화부터 시작했다.

"요즘 고객 피드백, 좀 미묘한데요."

"이번 주 트래픽, 지난주랑 뭔가 결이 달라요."

그 한 줄의 말이 '도입부'가 됐다. 그 다음엔 대표가 물었다.

"그래서 어떻게 될 것 같아요?"

"이런 경우, 예전에 어떤 대응했죠?"

그제야 문서를 꺼냈다. PDF보다 공기를 읽는 기술이 먼저였다.

- 스타트업 보고서의 세계는 참으로 요상하다

스타트업에서 보고서는 '이상한' 포맷이 많다.

- 분명 보고서인데 한 문장짜리 PPT 문서
- '보고입니다' 제목 아래 스크린샷 4장
- "공유드립니다."라는 메신저 한 줄 + 첨부파일
- 구글 드라이브에 폴더명은 있으나, 그 안에 문서는 없음

보고서가 너무 짧아서 무슨 말인지 모르겠는 경우도 있었고, 반대로 너무 길어서 아무도 읽지 않는 경우도 있었다. 한 번은 '지표 리포트'가 수십 장이 페이지였는데, 정작 그 핵심은 슬라이드 3장 안에 있었다.

더 웃긴 건, 아무도 보고서를 요청하지 않았는데 "우리 리포트 없어요?"라고 슬쩍 물은 대표 한마디에 전 직원이 갑자기 리포트 작성에 돌입한 날도 있었다. 보고는 일이 아니라 '존재의 증명'이 되곤 했다.

'내가 지금 일하고 있다.'는 사인을 보내는 수단. 때로는, 누구보다 먼저 '이슈를 발견한 사람'으로 보이기 위해 올리는 한 장의 리포트. 보고서의 목적이 '해결'이 아니라 '선점'이 될 때, 보고는 더 이상 소통이 아니라 경쟁이 되었다.

- 보고서보다 보고 타이밍이 전부다

스타트업에서 배운 또 하나의 보고의 진실은 이거였다. "타이밍이 안

맞으면 아무리 좋은 보고도 공허하다." 한 번은 사용성 문제로 A/B 테스트에서 성과가 급감한 결과를 분석한 리포트를 들고 갔다. 완벽한 데이터였고, 개선 방향도 명확했다. 하지만 대표는 당일 외부 미팅이 있었고, 팀 분위기도 좋지 않았다.

그래서 나는 그날 아무 말도 못 꺼냈다. 이틀 뒤, 대표가 "최근 수치 어떤가요?"라고 물었다. 그제야 나는 말문을 열었다. 같은 보고서였지만, 그제야 귀를 열고 들어 주었다. 그때 알았다. 보고는 '지금 말해도 될까?'를 고민하는 순간부터 시작된다는 걸.

- 그래서 결국 보고란 무엇인가?

나는 점점 리포트보다 '리얼토크'를 선호하게 됐다. 그 사람이 지금 궁금해할 만한 포인트를 한 문장으로 던지고, 반응을 보고, 그 흐름을 따라가는 방식.

스타트업에서 보고서란, 말하기 위한 준비물이 아니라 말이 오간 뒤에 남기는 증거물에 가깝다는 걸 깨달았다.

보고의 본질은 결국,

- 상대방의 컨텍스트를 얼마나 알고 있느냐
- 지금 이 이야기를 왜 해야 하느냐
- 그 말을 어떤 '언어'로 풀어야 하느냐

를 파악하는 감각이었다.

- 나는 그래서 이렇게 보고했다

- 매주 월요일 오전, 대표의 기분이 좋은 날을 노렸다.
- 메신저에는 "요약"을, 회의에서는 "핵심만" 말했다.
- 발표자료보다, 첫 한 줄을 더 신중히 썼다.
- 그리고, 나 스스로에게 물었다.

지금 이 보고는 '일을 위한 보고'인가, '내 존재를 증명하기 위한 알림장'인가. 보고의 목적이 명확하면, 리포트든 리얼토크든 상관없다. 어차피 스타트업에선, '읽히는 문서'보다 '통하는 대화'가 더 강력하니까.

- 외국계 보고의 기술: 신뢰를 쌓는 커뮤니케이션: 보고가 곧 생존이다

외국계 기업에서도 보고는 정말 중요하다. 특히 팀 베이스로 되어 있는 외국계 기업에서, 팀장님이 신뢰할 수 있도록 꾸준한 보고를 통해 믿고 맡길 수 있는 이미지가 중요하다는 것을 알게 되었다.

외국계는 개인의 능력도 중요하지만, 결국 팀의 성과로 평가받는다. 그 팀의 중심에는 팀장이 있고, 팀장과의 신뢰 관계가 모든 것을 좌우한다고 해도 과언이 아니다.

- 세 가지 보고 방식의 특징

보고는 정말 다양한 형태로 이루어진다. 각각의 특징을 이해하고 상황에 맞게 활용하는 것이 중요하다.

1. 팀즈 보고: 속도가 생명

먼저, 팀즈 보고이다. 이러한 경우는 IT 기업 등 보고가 빠르게 필요하고, 결정이 빠른 경우에 이루어진다. 대부분 마이크로소프트의 팀즈를 이용하여 보고를 진행하는 경우가 많다.

팀즈 보고의 장점은 속도다. 급한 사안이 생겼을 때 바로 연결해서 상황을 공유할 수 있다. 하지만 단점도 있다. 기록이 남지 않고, 상대방이 바쁠 때 방해가 될 수 있다는 점이다.

2. 대면 보고: 진정성을 전달하는 최고의 방법

그다음으로 진행하는 것은 대면 보고인데, 외국계라고 해서 모든 회사가 재택을 하는 것은 아니기에 사무실에 출근하는 경우가 많다. 이런 경우에는 내가 상급자 자리에 가서 직접 보고하는 것이 좋다.

"드릴 말씀이 있는데 잠시 시간이 괜찮은지" 여쭤 본 후, 괜찮다고 이야기하면 보고를 한다.

하지만 외국계의 경우 사람을 정말 일 양에 비해 적게 뽑기 때문에 항상 바빠서, 결론부터 말하고 그 이유를 이야기하는 보고를 하는 것이 좋다.

만약에 이것이 좀 비약이라고 생각될 경우, 결론을 말하고 그렇게까지 된 과정을 하나당 한 문장 정도로 짧게 보고하면 된다. 위의 분들은 사회생활을 정말 많이 한 분들이기 때문에 척하면 척 다 알아들으신다.

대면 보고의 핵심은 간결함이다. 길게 설명하려고 하지 말고, 핵심만 딱딱 전달하는 게 좋다.

3. 이메일 보고: 증거를 남기는 기술

마지막으로 제일 많이 진행하는 것은 이메일 보고이다. 이메일을 보낸다는 것은 증거를 남기는 것이기 때문에, 대면보고를 하거나 팀즈 보고를 하더라도 이메일은 꼭 남겨 달라고 이야기를 하시는 경우가 많다.

이메일 보고를 할 때 실수하는 것들이 많아서 간단하게 정리해 본다.

첫째: 받는 사람을 신중하게 선택하라

팀장님은 하루에도 수백 통의 이메일을 받으시기 때문에, 이메일을 쓸 때는 꼭 필요한 사람에게만 보내는 것이 중요하다. 참고가 필요하면 CC(Carbon Copy)로 넣을 수 있다.

처음에 넣지 않더라도 꼭 필요하게 된다면 답장할 때 이메일을 보내거나 별도로 전달을 할 수 있기 때문에 처음에는 작게 시작하는 것이 좋다.

불필요한 사람까지 CC에 넣으면 '왜 나한테 이런 메일을 보내지?'라는 반응을 불러일으킬 수 있다. 신중하게 판단해야 한다.

둘째: 표현을 부드럽게, 하지만 명확하게

개인적으로는 규제, 금지 등 말을 굉장히 강하고 확실하게 하는 것을 선호한다. 하지만 외국계에서는, 특히 전체적으로 이메일을 보낼 때 표현에 굉장히 신경을 쓰는 편이며, 그것을 제대로 하지 못하면 사려가 없다고 뒤에서 비판을 받는 경우가 있다.

물론 무엇인가를 잘못 보내면 아웃룩 한정으로 회수 기능을 쓸 수 있으나, 회수 기능의 경우 많이 쓰면 정확하지 않다는 인상을 줄 수 있기 때문에 이메일을 보낼 때는 꼭 확인을 하자.

셋째: 첨부파일부터 넣어라

보통 이메일에 문서 등 첨부파일을 넣어서 보내는 경우가 많은데 제일 잊기 쉬운 것도 바로 첨부파일이다. 그래서 무엇인가를 넣어야 할 때는 첨부파일부터 넣고 보내는 것이 좋다.

"첨부파일 참조 부탁드립니다."라고 써 놓고 정작 첨부파일이 없으면 정말 민망하다. 이런 실수를 방지하려면 첨부파일을 제일 먼저 넣는 습관을 들이자.

넷째: 제목으로 승부하라

이메일 제목이 중요하다. 꼭 봐야 할 것이면 [중요]라는 파일을 달아 두고, 오늘 안에 해결해야 할 문제면, 깃발 표시를 이용하여 오늘 안에 꼭 읽으라고 강조 표시를 할 수 있다.

내 이메일이 묻히는 것이 싫다면 중요(느낌표) 표시를 이용해서 이메일을 꼭 읽어 달라고 부탁할 수도 있다.

하지만 남용하면 안 된다. 모든 이메일에 중요 표시를 하면 오히려 신뢰도가 떨어진다.

다섯째: 예약 메일의 함정

아웃룩의 경우 메일을 예약을 해 놓는다고 하더라도 컴퓨터가 인터넷에 연결되어 있지 않다면 예약 메일이 가지 않는다. 그렇기 때문에 뭔가 보낼 메일이 있다면, 컴퓨터를 사용할 수 없게 되기 전까지 빠르게 메일을 다 보내 놓고 가는 것이 좋다.

이거 때문에 낭패를 본 적이 있다. 집에 가면서 예약 메일을 걸어 놨는데, 컴퓨터가 꺼져 있어서 메일이 안 갔던 거다. 그때부터는 예약 메일보다는 그냥 바로 보내는 걸 선호하게 됐다.

- Manage Up: 리더를 이해하고 맞춰 주기

보고의 경우도 리더마다 정말 다르지만, 결국 중요한 것은 신뢰를 받을 수 있는지에 대한 문제이다.

'Manage up'이라는 말이 있듯이, 리더를 잘 다루는 것은 정말 중요하다. 최대한 리더의 좋아하는 점을 보려고 노력하면서, 리더가 어떤 방식을 선호하는지에 대해서 이해하고 그것을 맞춰줘야 내가 다음 기회를 노릴 수 있다는 것을 잊지 않으면 좋겠다.

어떤 리더는 디테일한 보고를 좋아하고, 어떤 리더는 결론만 간단히 듣고 싶어 한다. 어떤 리더는 이메일을 선호하고, 어떤 리더는 대면 보고를 선호한다.

이런 패턴을 파악하는 게 정말 중요하다. 관찰하고, 시행착오를 거치면서 리더의 스타일을 이해해 나가는 과정이 필요하다.

- 나만의 노하우 만들기

물론 이런 부분에서 눈치 빠른 사람이 부럽지만, 나도 나만의 노하우를 계속되는 시도로 만들 것이다.

결국 정답은 없다. 리더마다, 상황마다, 회사마다 다르다. 하지만 기본 원칙은 있다. 신뢰를 쌓고, 명확하게 소통하고, 상대방을 배려하는 것. 이 원칙을 지키면서 각 상황에 맞게 유연하게 적용하는 게 핵심이다.

외국계에서 살아남으려면 일을 잘하는 것도 중요하지만, 그 일을 제대로 보고하는 것도 똑같이 중요하다. 아니, 어쩌면 더 중요할 수도 있다. 왜냐하면 아무리 일을 잘해도 상사가 모르면 의미가 없기 때문이다.

보고는 단순히 업무를 알리는 것이 아니라, 신뢰를 쌓고 다음 기회를 만드는 투자라고 생각한다. 그런 마음가짐으로 접근하면 보고도 전략적으로 할 수 있을 것이다.

리포트와 리얼토크

재일: 형, 보고할 때 대표 눈치 본다는 얘기 진짜예요?

준혁: 진짜지. 심지어 '오늘 기분 어떠신가요?'가 먼저야.

재일: 전 항상 문서 먼저 보냈는데요. 사전 대화는 거의 없었어요.

준혁: 우린 문서보다 말이 먼저야. 특히 대표님 스타일이면 더더욱.

재일: 근데 말로만 하면 기록도 안 남고, 나중에 책임소재 애매하지 않
아요?

준혁: 맞아. 그래서 보고의 기술은 결국, 그 조직의 문화 적응력이지.

보고 방식 비교표

항목	이준혁 - 스타트업	변재일 - 외국계 기업
보고 방식	구두 보고 중심, 즉흥적	문서, PPT, 이메일 등 리더의 선호 방식
보고 타이밍	비공식적으로 사전 분위기 탐색	정해진 주기와 포맷 유지
중요 요소	대표의 성향과 공감 능력	논리와 데이터의 정합성
문서 활용	보조 수단, 대화가 메인	기록 중심, 회의의 기반

- 티키타카 인사이트

• 보고는 단순한 전달이 아니라, 조직 내 힘의 구조를 드러낸다.

• 스타트업은 말이 문서를 대체하고, 외국계는 문서가 말을 보호한다.

• 중요한 건 '무엇을 말하느냐.'보다, '어떻게 말하게 되는 구조냐.'이다.

☞ "보고의 기술은 말보다 구조에 있다."

조직의 문법을 배우다

조직의 언어를 배우는 법

이준혁

- 모두가 알고 있는, 문서에 없는 룰북

내가 스타트업에 처음 들어갔을 때, 가장 당황했던 말은 이거였다.

"그건 대표님 취향 아니에요."

그 말은 기획서를 낸 바로 다음날, 팀 리드의 입에서 툭 튀어나왔다. 나는 기획을 짤 때 분명히 수치와 레퍼런스를 기반으로 논리를 세웠다. 하지만 그건 중요하지 않았다. 그 기획이 '실행되지 않을' 이유는 단 하나였다.

"대표님이 안 좋아하실 것 같아서."

문서에는 그런 기준이 없었다. 회의에서도 그런 얘기는 한 번도 나오지 않았다. 그런데도 모두가, 그 기준을 알고 있었다.

그 순간, 나는 깨달았다. 이 조직에는, 말로는 공유되지 않는 룰북이 있다는 것. 그 룰북은 표정과 분위기, 말투와 어투, 지난 회의의 공기 속에 존재했다.

- 회의록보다 중요한 '고개 끄덕임의 기록'

스타트업 회의는 특이하다. 회의록은 잘 남지 않지만, 사람들의 '기억'은 잘 남는다.

"그때 대표님이 그 얘기엔 고개를 끄덕였잖아.", "지난번엔 별다른 피드백 없었으니까, 그건 넘어가도 되는 거야." 이런 말들은 흔하다. 누군가는 그걸 "눈치의 기록"이라 부르기도 했다.

문서보다 중요한 건,

- 누가 먼저 말했고
- 누가 어떻게 리액션했고
- 어떤 말에 대표가 미소를 지었는지

같은 암묵적 신호들이었다.

말보다 표정이, 표정보다 기류가, 기류보다 정세가 더 중요했다. '그때 그 자리의 분위기'가 보고서의 유무보다 더 많은 것을 결정했다.

- '말을 배우는 것'이 아니라, '사람을 익히는 일'

나는 그래서, 회의가 끝난 후 메신저를 관찰했다. 누가 어떤 말투로 대화를 이어 가고, 누가 말을 줄이고, 누가 답장을 빠르게 하는지를 살폈다. 그건 단순한 커뮤니케이션이 아니라, 조직 내에서 힘의 배분이 움직이는 흐름이었다.

예를 들어,

- "이거 대표님 쪽에서 OK 받았어요?"라는 말은
→ 승인보다 "대표님의 의중을 먼저 확인해라."는 문화 코드였고,
- "일단 MVP로 가시죠."라는 말은
→ 예산도 없고, 리소스도 없는 상태에서 어떻게든 해 보자는 신호였다.
- "우리 스타일에 맞게 한 번 풀어 보세요."는
→ 구체적인 피드백은 안 줄 테니, 네가 감 잡아서 해 보라는 무언의 시험이었다.

- 조직은 말 대신 '줄'을 기준으로 돌아간다

사실 스타트업이라고 해도, 수직적이지 않은 건 아니다. 공식적으론 수평조직을 지향한다고 하지만, 진짜 수직은 발언의 강도와 전달력에서 갈린다. 누군가는 조용히 있지만 모두가 그 사람의 반응을 눈치 보며 움직이고, 누군가는 말이 많지만 아무도 신경 쓰지 않는다.

한번은 대표가 채용한 신입이 입사한 지 이틀 만에 회의에서 "그건 대표님도 좀 더 고민하셔야 하지 않을까요?" 라고 말했다가 그 다음날부터 기획실에서 제외된 적도 있었다.

스타트업에서는 공식보다 '줄'이 먼저였다. 말을 잘하는 것보다, 누구

의 사람이냐가 더 중요했고, 피드백의 질보다, 누가 먼저 보고했느냐가 더 영향을 미쳤다.

- 조직의 언어를 씹어삼켜 소화를 해내야만 한다

처음엔 그런 문화가 낯설었다. 왜 이런 걸 알아야 하지? 왜 굳이? 하지만 3번째 프로젝트에서 뒤통수를 맞고 나서야 알았다. '내 말이 맞는 게 중요한 게 아니구나. 지금 이 자리에서 누가 그 말을 하는지가 더 중요하구나.'

그리고 나는 생존을 위해 조직의 언어를 배웠다.

- 대표가 좋아하는 키워드가 무엇인지
- 보고할 때 선호하는 문체가 어떤지
- 어떤 멘션을 주면 답장이 바로 오는지
- 누구의 말에는 침묵이 따라오는지
- 언제 말하고, 언제 침묵해야 하는지를

이건 사내 위키에도 없고, 온보딩 자료에도 없는 내용이다. 오직 '눈치의 축적'으로만 배워지는 비언어 커리큘럼이었다.

- 내 사람이 아닌 순간, 모든 말은 무의미해진다

스타트업에서는 라인을 잘못 타면 기획안이 아무리 좋아도 묻힌다. 대표가 데려온 사람은 입사 첫날부터 회의의 발언권을 갖지만, 내가 두 달을 준비한 문서는 단 한 줄로 일축당한다.

"아직은 때가 아닌 것 같아요.", "이건 우리 스타일은 아닌 듯."

그 순간 느끼게 된다.

"아, 나는 이 조직에서 아직 내 편이 없구나."

보고서를 잘 써도, 커뮤니케이션을 잘해도, 라인 밖에 있는 사람의 말은 '참고용'일 뿐 '결정요소'가 되지 않는다.

이걸 깨닫는 순간부터 사람들은 묻는다.

"누구 라인이에요?", "대표님이 직접 채용하셨어요?", "그건 누구한테 먼저 말해 봤어요?"

말보다 먼저 '소속'을 확인하고, 내용보다 먼저 '관계'를 점검하는 조직. 그게 스타트업이다. 때로는 거기서 살아남는 게 더 현실적이 되어 버린다.

- 조직의 언어란, 결국 관계의 언어

나는 이제 안다. 조직의 언어란, 단어가 아니라 맥락이고, 문법이 아니라 사람이다.

- 말이 짧아질수록, 의미는 길어진다.
- 발언보다 표정이 먼저 읽힌다.
- 논리가 아니라 줄이 결정한다.

그걸 모르면, 기획은 엉뚱한 방향으로 흘러가고, 그걸 알면, 말하지 않아도 일이 된다.

- 조직 언어 마스터하기: 외국계 생존의 첫 번째 관문 언어, 모르면 외계인이 된다

글로벌 기업도 당연히 조직의 언어가 존재한다. 다만, 처음 입사했을 때 그 언어를 익히기는 어렵다. 이메일에서 모르는 단어가 있거나, 팀 회의에 갔는데 이게 무슨 말인지 모를 때, 그럴 때 조직의 언어일 가능성이 있다.

처음에는 정말 답답했다. 모든 사람들이 암호 같은 말을 하는 느낌이었다. 나만 모르는 건가? 하는 불안감도 들었다. 하지만 시간이 지나면서 깨달았다. 이건 당연한 과정이고, 빠르게 익혀야 할 필수 과제라는 것을.

- 자주 등장하는 조직 언어들

첫 직장인 IT 기업을 사례로 몇 가지만 예를 들어 보도록 하자.

1. CSM(Customer Success Manager)

주로 IT 기업에서 많이 쓰는 용어로, 판매가 완료된 고객에게 가서 클라우드 사용의 불편한 점이 없는지 계속 목소리를 들으면서 문제를 해결해 주고, 고객에게 추가 셀링 포인트가 있는지 확인해서 업셀링을 주도하는 역할을 한다.

처음에는 Customer Service Manager인 줄 알았다. 하지만 Success가 Service와는 완전히 다른 개념이라는 걸 나중에 깨달았다. Service는 문제를 해결해 주는 거고, Success는 고객이 성공할 수 있도록 돕는 거다.

2. CR(Churn Rate)

주로 소프트웨어 기업에서 많이 쓰이는 단어로, 고객이 구독을 취소했을 때 주로 쓰는 단어다. 고객이 계약기간을 다 채우지 않고 종료를 해 버리면, 회사 입장에서는 타격이 크다.

보통 클라우드 매출을 고정 비용으로 들어가기 때문에 그만큼의 매출을 추가로 찾아야 하기 때문이다. 회사 입장에서는 "빵꾸"가 뚫렸다고 표현하는 분들도 있었다.

이 표현이 재밌었다. "빵꾸"라는 말이 한국적이면서도 상황을 정확하게 표현해 주더라.

3. MR(Meeting Request)

미팅을 요청할 때 이메일에 장소, 시간을 적어서 회의실을 예약받고 쓰기 위해서는 필수다. 모든 외국계 기업에서 이 표현을 쓰는 줄 알았으나, 어떤 외국계 기업에서는 그냥 미팅을 잡다, 회의를 잡다 등으로 순화해서 표현하는 경우도 있었다.

회사마다 조금씩 다르다는 걸 깨달았다. 어떤 회사는 줄임말을 선호하고, 어떤 회사는 명확한 표현을 선호한다.

- 조직 언어를 익히는 세 가지 방법

글로벌 기업의 경우, 일반적인 대기업에 비해 온보딩을 길게 할 수 없는 편이다. 그러므로, 모르는 것에 대해서는 본인이 빠르게 이해하고 적응하려는 노력이 많이 필요한 편이다.

1. 기존 사람이 남기고 간 자료 검색하기

퇴사하기 전 기존 사람에게 이메일을 최대한 많이 포워딩해 달라고 요청하거나, 회사 내부 사이트에서 전임자가 작성하고 간 문서를 뒤져 보는 것이 중요했다. 그렇게 하면 업무의 구조를 빠르게 이해할 수 있어서 큰 도움이 많이 되었다.

전임자가 남긴 자료들은 진짜 보물 같았다. 단순히 업무 내용뿐만 아니라 어떤 표현을 쓰는지, 어떤 톤으로 이메일을 쓰는지까지 다 배울 수 있었다.

2. Perplexity 이용하기

AI의 도움을 받는 것도 정말 유용했다. Perplexity의 경우 자료를 굉장히 정확하게 검색하는 편이기 때문에, 산업용어인 것 같은데 잘 모르겠다는 생각이 들 때 이용하면 좋다. 단, 회사 내부 용어라면 가능성이 떨어지는 편이다.

AI를 쓰면서 가장 좋은 것은 한번 물어보고 끝내지 말라는 것이다. 모르는 것이 있다면 이를 집요하게 물어가서 해야 더 좋은 값을 제공한다.

특히 마크업 프롬프트를 직접 만들어 달라고 하면 더 정확하게 찾을 수 있도록 도와줘서 좋다.

3. 물어보기

사실 제일 좋은 방법은 물어보는 것이다. 이런 것도 모르나 싶고 창피하지만, 그것을 무시하고 갔다가 나중에 더 큰일이 생기는 것보다는 3개월 내에 최대한 많은 것을 물어보고 배우는 것이 중요하다고 생각한다.

처음에는 정말 창피했다. "이런 기본적인 것도 모르나?" 하는 시선을 받을까 봐 걱정됐다. 하지만 대부분의 동료들은 친절하게 알려줬다. 오히려 모르는 걸 그냥 넘어가는 게 더 문제가 될 수 있다는 걸 깨달았다.

- 비교보다는 적응에 집중하기

이렇게 조직의 언어를 배우다 보면 기존 조직보다 좋은 점도 있고 아닌 점도 생길 수 있다. 이때 좋지 않은 점을 비교하기보다는, 기존 회사랑 비교해서 나은 것에 집중하는 것이 중요하다는 생각이 든다.

일단 일을 열심히 한 후, 내가 개선할 수 있는 것이 있는지를 열심히 찾아서 그것을 나의 성과로 만들겠다는 마음가짐이 필요한 것 같다.

"예전 회사에서는 이렇게 안 했는데…."라는 말은 별로 도움이 되지 않는다는 걸 깨달았다. 새로운 환경에서는 새로운 방식을 받아들이는 게 중요하다.

- 조직 언어 습득 후의 실전 활용

조직의 언어를 어느 정도 익혔다면, 이제는 그것을 실무에서 자연스럽게 활용하는 단계가 중요하다. 처음에는 의식적으로 용어를 사용하게 되지만, 점차 자연스럽게 체화되면서 팀원들과의 소통이 훨씬 원활해진다.

특히 이메일이나 보고서 작성 시 적절한 조직 언어를 사용하면 전문성이 드러나고, 상급자나 동료들에게 빠르게 적응했다는 인상을 줄 수 있다.

다만 과도하게 사용하거나 맥락에 맞지 않게 쓰면 오히려 어색할 수 있으니, 다른 사람들의 커뮤니케이션 패턴을 관찰하며 적절한 수준을 찾아가는 것이 필요하다.

처음에는 용어를 쓰는 게 어색했다. 억지로 끼워 맞추는 느낌이었다. 하지만 시간이 지나면서 자연스럽게 입에서 나오기 시작했다. 그때부터 진짜 팀의 일원이 된 기분이었다.

- 글로벌 환경에서의 추가 고려사항

글로벌 기업의 경우 본사와 지사 간, 또는 지역별로 미묘하게 다른 표현이나 관례가 있을 수 있다. 예를 들어 같은 회사라도 미국 본사에서는 'deck'이라고 하는 프레젠테이션 자료를 한국 지사에서는 '자료'나 'PPT'라고 부르기도 한다.

이런 차이점을 인지하고 상황에 맞게 유연하게 대응하는 것이 중요하다. 또한 화상회의가 많은 글로벌 환경에서는 시차나 문화적 차이로 인한 커뮤니케이션 방식도 함께 익혀야 한다.

본사 직원들과 화상회의를 할 때와 한국 동료들과 이야기할 때 미묘하게 다른 표현을 써야 한다는 걸 깨달았다. 같은 내용이라도 상대방에 맞게 조절하는 게 필요했다.

- 조직 문화와 언어의 연관성

조직의 언어는 단순한 용어가 아니라 그 회사의 문화와 가치관을 반영하는 경우가 많다. 예를 들어 실패를 'fail fast'라고 표현하는 회사는 빠른 시행착오를 통한 학습을 중시하는 문화를 가지고 있을 것이다.

이런 맥락을 이해하면 단순히 용어를 암기하는 것을 넘어서 회사의 사고방식과 업무 접근법까지 함께 체득할 수 있다. 결국 조직 언어를 완전히 습득했다는 것은 그 조직의 일원으로서 온전히 자리잡았다는 의미이기도 하다.

- 지속적인 학습이 필요한 이유

조직 언어는 고정불변인 것이 아니라 시간이 지나면서 계속 변화하고 발전한다. 새로운 기술이나 트렌드가 등장하면 관련 용어들이 추가되고, 조직 구조나 전략이 바뀌면 기존 용어의 의미가 달라지기도 한다.

따라서 초기 적응 이후에도 지속적으로 관심을 갖고 새로운 표현들을 배워 나가는 자세가 필요하다. 특히 승진하거나 다른 부서로 이동할 때는 또 다른 차원의 조직 언어를 익혀야 할 수도 있으니, 평생학습의 관점에서 접근하는 것이 좋겠다.

결국 조직 언어 습득은 단순히 용어를 아는 것이 아니라, 그 조직에 진정으로 속해 가는 과정이라고 생각한다. 처음에는 어색하고 어려웠지만, 지금 돌이켜보면 정말 중요한 적응 과정이었다.

이제는 새로운 용어가 나와도 당황하지 않는다. 오히려 궁금해한다. 이 용어 뒤에 어떤 의미와 문화가 숨어 있을까? 하는 호기심을 갖게 됐다. 그런 마음가짐으로 접근하면 조직 언어 습득도 훨씬 재미있어진다.

조직마다 말투가 있다

재일: 형 회사는 '그건 대표님 스타일 아냐.' 같은 말 자주 써요?

준혁: 아주 자주. 공식 언어보다 그런 말이 더 강력하지.

재일: 전 그런 말 잘 안 들어요. 오히려 "근거가 있나요?" 같은 말이 먼저 나와요.

준혁: 우리는 공감이 우선이고, 너희는 근거가 우선이네.

재일: 결국 '어떤 언어를 써야 안전한가.'를 빨리 익혀야 하는 것 같아요.

조직 언어 체감표

구분	이준혁 - 스타트업	변재일 - 외국계 기업
보고 표현	대표님 스타일 언급	객관적 근거 강조
기획서 언어	느낌 기반 설명	정량·정리된 문장
결정 방식	분위기와 감각	정책과 기준
소통 채널	대면 대화 우선	문서 및 메일 우선

- 티키타카 인사이트

- 조직의 언어는 말투가 아니라, 안전을 보장하는 방식이다.

- 스타트업은 분위기의 언어를, 외국계는 규칙의 언어를 사용한다.

- 결국 중요한 건 '무엇을 말하느냐.'보다 '어떻게 말해야 안전한가.'
  이다.

☞ "조직 언어는 살아남기 위한 생존 언어다."

진짜 동료는 언제 생기나요?

이준혁

- 동료는 처음부터 동료가 아니었다

스타트업은 모든게 빠르게 돌아가는 조직이다. 그래서 사람도 빠르게 뽑는다. 당장 다음 주에 앱을 런칭해야 하니까, 신뢰보다는 속도, 실력보다는 "그냥 함께해 볼 사람"이 먼저였다.

초기 팀은 그랬다. 전 직장 동료, 지인, 소개받은 프리랜서. 일단 시작해보자, 라는 기세로 뭉친 사람들.

처음엔 '우리는 팀'이라는 환상이 있었다. 낮에는 회의, 밤에는 야근, 주말엔 메신저. 모두가 열정이라는 연료로 버텼다.

그런데 어느 순간부터 사람들 간의 거리가 눈에 들어오기 시작했다.

- "그 기획은 왜 저 사람이 맡았지?"
- "그 얘긴 A 님한테 말하지 마세요."

• "대표님이랑 B 님이 좀 친하잖아요."

회의는 더 이상 의견을 나누는 자리가 아니었다. 누가 누구 편인지, 누구의 말이 더 '힘'을 가지는지 보는 시간이 됐다. 회사는 점점 '사람'이 아니라 '관계'에 맞춰 돌아가기 시작했다. 업무보다 기류를 먼저 읽어야 했고, 메신저보다 은밀한 대화에서 담배타임을 가진 이들끼리 결정이 났다.

나는 깨달았다. '일 잘하는 사람'과 '일하기 쉬운 사람'은 다르다는 것. 그리고 일하기 쉬운 사람들끼리 뭉치면 오히려 일하기 어려운 조직이 만들어진다는 것.

- 진짜 동료는 감정으로 연결된다

언제부턴가 나는 궁금해졌다. 진짜 동료는 어떤 사람일까?

같은 프로젝트를 한다고 해서, 같은 회의실에 있다고 해서, 그 사람이 '내 편'은 아니었다.

대부분의 관계는 기능적으로 시작된다.

"이거 자료 좀 공유해 주실 수 있나요?"

"혹시 이건 어디서 확인 가능할까요?"

정중하지만, 서늘한 대화들.

하지만 아주 가끔, 그런 대화가 달라지는 순간이 온다.

- "어제 너무 늦게까지 일하셨죠? 자료 제가 정리할게요."
- "오늘 회의는 제가 대신 들어갈게요. 힘드시죠?"
- "밥은 꼭 챙겨 드세요."

이런 말은 업무를 도와주는 게 아니다. 내가 사람이라는 걸 기억해 주는 일이다. 그런 말들이 쌓일 때, 우리는 '같이 일하는 사람'에서 진짜 동료가 되어 간다.

- 전투의 기억, 전우의 감정

기억에 남는 순간이 있다.

모바일 앱 마켓에 올리기 전, 우리는 일주일간 사무실에서 살다시피 했다. 밤 11시에 빌드가 깨지고, 12시에 디자이너가 커버 이미지 바꾸고, 새벽 2시에 메인 페이지 배너 문구를 고치고, 3시에 내가 새로 작성한 기능 소개서를 기획자들끼리 돌려보며 울 듯이 웃었다.

그땐 서로 말이 거칠어도 상처받지 않았다.

"이건 진짜 별로예요."

"다시 써요, 이건 못 올려요."

그게 공격이 아니라 신뢰였기 때문이다.

우리는 누구도 퇴근하라고 하지 않았지만 아무도 퇴근하지 않았다. 그리고 드디어 "런칭 완료"라는 알림이 콘솔에 떠올랐을 때, 사무실에선 아무 말 없이 박수가 나왔다.

그날의 짜릿함. 그건 성취 때문이 아니었다. '같이 해낸 사람들'이 내 옆에 있다는 감각. 그것이 진짜 동료를 만든다.

- 스타트업은 관계의 온도에 따라 움직인다

빠른 조직일수록, 관계의 속도는 더 빠르다. 그만큼 금방 멀어지기도 하고, 금방 가까워지기도 한다.

우리는 흔히 말한다.

"우린 수평조직이에요."

하지만 수평은 구조가 아니라 온도였다.

- 차가운 수평은 외롭고,
- 따뜻한 수평은 동료를 만든다.

잡담 한마디, 회의 후 커피 한 잔, 야근 후 편의점에서 나눈 컵라면 한 젓가락. 이런 시간은 OKR에도 없고, KPI에도 없다. 하지만 팀을 붙잡아 두는 건 성과가 아니라 온기다.

- 진짜 동료는 성과보다 기억으로 남는다

회사를 나왔을 때, 내가 기억한 건 기획서가 아니었다. 함께 새벽에 무너진 빌드를 붙잡던 개발자, 출근길에 같이 욕하던 디자이너, 회의 전에 "우리 그냥 밥부터 먹자."던 마케터. 그들은 모두 내 커리어에선 한 줄의 경력일 수 있지만, 내 감정의 타임라인에선 몇 페이지를 차지하는 사람들이다.

진짜 동료는 프로젝트가 아니라 기억 속 한 장면에서 탄생한다.

그래서 나는 말한다. 우리는 함께 일했던 게 아니라, 함께 살아낸 것이다.

- 회사에서의 인간관계, 그 미묘한 경계선: 정말 일만 해야 하는 걸까?

"회사에서는 일만 하는 것이고, 너무 깊게 친해지면 안 된다."

회사에 입사하기 전에, 회사는 학교와 다르다면서 유튜브에서 봤던 조언들. 어떻게 동료와 이야기를 해야 할지에 대해서 참 고민을 많이 하던 순간이었다.

나는 동료를 너무 사적으로 깊게 대하지 말라는 조언을 어디에선가 봤었고, 그래서 항상 회사에서는 말 한마디, 행동 하나를 조심해야 한다는 생각이 든다. 나의 질문이 다른 사람을 상처 입히지는 않는지, 너무 섣부르게 나의 진심을 뱉어내지 않았는지에 대해 고민하게 되었다.

하지만 동시에 궁금했다. 정말로 회사에서는 일만 해야 하는 걸까?

하루 8시간 이상을 함께 보내는 사람들과 완전히 선을 그어야 하는 건 맞는 걸까? 학교에서처럼 자연스럽게 친해지고 서로를 챙기는 관계는 정말 불가능한 걸까?

이런 의문들이 머릿속을 맴돌면서, 첫 직장생활에 대한 기대와 불안이 뒤섞였다.

- 첫 회사에서 발견한 친해지는 공식

다행히 첫 회사는 입사 동기가 있었다. 입사할 때 먼저 링크드인으로 전화를 받았다.

"안녕하세요! 혹시 ○ ○ 부서 입사하신 변재일 님 맞나요?"

그 목소리에서 느껴지는 반가움과 설렘이 지금도 기억난다. 온보딩 때는 전부 친했지만, 시간이 지나면서 팀별로 일하게 되면서 동기들과 함께할 시간은 점점 줄어갔다. 각자의 업무에 치이고, 서로 다른 부서의 문화에 적응하면서 자연스럽게 거리가 생겨났다.

그래도 제일 친했던 형이랑은 2~3주에 한 번씩 밥을 먹어서 관계를 유지했다.

동료와 친해지는 방법은 생각보다 간단하다는 것을 그때 깨달았다. 처음에는 여행이나 주말에 뭐 했는지, 좋아하는 음식 등으로 간단하게 취미를 공유하면서 시작한다. 그다음에는 일이 어려운 부분은 없는지, 일의 히스토리는 어땠는지에 대해 가볍게 물어보면서 친해지는 것이 가장 좋다.

너무 깊이 들어가지도, 너무 표면적이지도 않은 그 적절한 선을 찾는 것이 핵심이었다.

- 외국계에서 받은 충격적인 피드백

외국계 기업에서는 보통 상대에게 직접적으로 말하는 것이 제한되어 있는 경우가 많다. 굳이 남에게 상처를 줄 필요도 없거니와, 상대가 내 말을 오해해서 문제가 발생할 수도 있기 때문이다. 진심을 알아내기 위해서는 상대의 말에서 한 꺼풀 벗겨내는 연습이 필요하다.

개인적으로는 명확한 의사소통을 좋아하기 때문에 직설적으로 말했는데, '감정 표현이 너무 직접적이고 직설적이다.'라는 피드백을 받았다.

"그러면 어떤 부분이 직설적인지 알 수 있을까요?" "파트너님의 이런 질문 자체가 직설적인 것 같습니다."

당황스러웠다. 그럼 나는 어떻게 해야 하는가?

이 순간이 정말 충격적이었다. 내가 생각하기에는 합리적이고 건설적인 질문이었는데, 그 질문을 하는 방식 자체가 문제라는 피드백을 받으니 어디서부터 고쳐야 할지 막막했다.

사람들의 행간을 읽는 것이 사실 너무 어려웠고, 내가 정말 좋아했던 사람들에게서 그런 말을 듣는 것은 너무 상처를 받게 되었다.

- 닫고 싶었던 순간들

그래서 이후 회사에서는 업무를 잘하기 위해서만 신경을 많이 쓰고, 사람에게는 마음을 쓰지 않으려고 최선을 다했다. 감정을 차단하고 기계적으로 일하는 것이 안전하다고 생각했다.

그래도 가끔씩, 그들의 따뜻한 마음이 가슴으로 들어오면 조금은 마음을 더 열어도 되지 않나라는 생각이 들었다. 완전히 마음을 닫을 수도 없고, 완전히 열 수도 없는 그 애매한 상태가 계속되었다.

- 아무도 가르쳐 주지 않는 직장 예절들

또 회사에서 은근 중요한 것이 행동인데, 지적해 주지 않으면 모르는 행동들이 있다. 이런 것들은 매뉴얼에 나와 있지도 않고, 누군가 친절하게 가르쳐 주지도 않는 암묵적인 룰들이다.

1. 전화 매너의 중요성

예를 들면, 자리에서 전화를 받는 것을 좋아하지 않는 사람들이 종종 있다. 짧은 전화가 아닌 경우 전화는 폰부스로 가거나 자리에서 나와서 받는 것이 좋다는 사실을 알았다.

처음에는 이게 왜 문제인지 이해하지 못했다. 전화 받는 게 뭐가 문제 인가 싶었는데, 오픈 오피스에서 옆 사람이 큰 소리로 전화 통화를 하면 집중력이 떨어진다는 것을 직접 경험하고 나서야 깨달았다.

2. 작은 배려들이 만드는 차이

벌떡 일어나고 자리에 의자를 넣어 놓지 않고 나가는 것도 동료들에게 피해가 될 수 있다. 좁은 사무실에서 의자가 빠져나와 있으면 지나다니 기도 불편하고, 시각적으로도 어수선해 보인다.

또한 아무리 사무실에 자리가 없더라도 회의실을 오래 점유하는 행위 를 하면 안 된다. 회의실은 최대 1시간 정도로 사용하는 것이 매너이며, 다른 사람들이 앉을 곳이 없어지도록 오랫동안 앉아 있는 것도 지양해야 한다.

회의실은 공용 공간이라는 인식을 가지고, 다른 사람들도 사용할 수 있도록 배려하는 마음가짐이 필요하다.

커피를 마시고 난 후 컵을 바로 치우지 않거나, 공용 공간을 사용한 후 정리하지 않는 것도 마찬가지다. 이런 작은 행동들이 쌓이면 '배려심 없는 사람'이라는 이미지가 생길 수 있다.

3. 사람 파악하기: 맞춤 전략의 필요성

또한, 상대의 스타일을 빠르게 파악하는 것도 중요하다고 본다. 이 사람이 어떤 방식으로 소통하기를 좋아하는지, 어떤 행동을 제일 싫어하는지 등을 알아서 사람에게 맞춤 전략으로 해 줘야 한다.

어떤 사람은 이메일로 소통하는 것을 선호하고, 어떤 사람은 직접 가서 말하는 것을 좋아한다. 어떤 사람은 디테일한 설명을 원하고, 어떤 사람은 결론부터 듣고 싶어 한다. 이런 차이를 파악하고 맞춰 주는 것이 원활한 업무 관계의 시작이다.

또한, 어른들의 경우 본인의 기분에 맞춰 주면 제일 좋아한다. 처음에는 이런 것들이 가식적으로 느껴졌지만, 시간이 지나면서 이것도 하나의 소통 방식이라는 것을 이해하게 되었다.

상대방의 감정을 존중하고 배려하는 방법 중 하나인 것이다.

하지만 이런 것들을 지나치게 의식하다 보면 자신을 잃어버릴 수도 있다. 상대에게 맞추느라 정작 내 의견이나 생각은 말하지 못하게 되는 경우도 생긴다.

- 나만의 직장 인간관계 원칙

결론적으로 처음에는 서로 공통점을 찾으면서 많이 대화도 하고, 밥도 어느 정도는 먹어서 얼굴과 말, 그리고 행동이 익숙해지게 하는 것이 중요하다. 그리고 상대가 싫어할 만한 행동을 하지 않는 것이 제일 중요한 것 같다.

하지만 여기서 끝나는 것이 아니라, 지속적으로 관계를 유지하고 발전시켜 나가는 것도 중요하다. 일회성으로 친해지는 것이 아니라, 꾸준히 관심을 갖고 소통하는 것이다. 상대방의 변화나 상황을 파악하고, 적절한 타이밍에 도움을 주거나 받을 수 있는 관계를 만들어 가는 것이다.

또한 자신만의 원칙을 세우는 것도 필요하다. 어디까지는 OK고, 어디부터는 NO인지에 대한 기준을 명확히 하는 것이다. 그래야 일관성 있는 관계를 유지할 수 있고, 자신도 편안할 수 있다.

- 여전히 진행 중인 배움

직장에서의 인간관계는 학교에서의 그것과는 분명히 다르다. 하지만 그렇다고 해서 완전히 차갑고 기계적일 필요는 없다는 것도 알게 됐다.

적절한 선을 지키면서도 따뜻한 관계를 유지할 수 있는 방법이 분명히 있을 것이다. 그 방법을 찾아가는 과정이 바로 직장생활의 또 다른 배움이 아닐까.

아직도 답을 찾지 못한 질문들이 많다. 언제까지 거리를 유지해야 하는지, 어느 정도까지 개인적인 이야기를 나눠도 되는지, 힘들 때 어디까지 도움을 요청해도 되는지….

하지만 이런 질문들에 대한 답은 아마 사람마다, 회사마다, 상황마다 다를 것이다. 정답이 있는 게 아니라, 그때그때 최선의 판단을 하는 수밖에 없는 것 같다.

중요한 건 포기하지 않는 것이다. 상처받은 경험 때문에 완전히 마음을 닫아 버리거나, 반대로 무작정 마음을 열어서 또 다른 실수를 하지 않는 것. 그 중간에서 조심스럽게, 그러나 꾸준히 사람과의 관계를 배워 가는 것.

그것이 지금의 나에게 필요한 자세인 것 같다.

동료가 된다는 것

재일: 형, 진짜 동료는 언제 생기는 거예요?

준혁: 같이 버티고 나면 생기더라. 어느 순간부터 서로 말 안 해도 아는 게 생겨.

재일: 저흰 늘 존댓말 쓰고, 사적인 얘기 거의 안 해요.

준혁: 스타트업은 싸우고 풀고 밥 먹고 그런 게 다 쌓여서 만들어져.

재일: 그럼 진짜 동료는 감정이 아니라 경험에서 오는 거네요?

준혁: 맞아. 기억이 쌓인 만큼 마음도 생기지.

동료 체감 타임라인

시간	이준혁 - 스타트업	변재일 - 외국계 기업
1주차	이름 외우기 바쁨	표정과 말투 관찰 중
2주차	채팅으로 용건만	정중하지만 거리감 있음
3~4주차	야근 중 눈 마주치며 웃음	함께한 문서 작업 후 말 걸기 시작
2개월차	같이 라면 먹으며 불만 공유	서서히 비공식 대화 생김
3개월차	'이제 진짜 동료 같다.'는 말 주고받음	작은 응원이 관계를 바꿈

- 티키타카 인사이트

• 동료란, 함께 견뎌낸 시간 속에서 생긴다.

• 감정은 공유보다 누적에서 온다.

• 진짜 동료는 말이 아니라 경험으로 만들어진다.

☞ "기억을 함께 만든 사람이 동료가 된다."

사수가 없으면 어떻게 배우나요?

이준혁

- "이건 이제 네 거야."라는 말의 의미

내가 맡은 첫 프로젝트는 정말 말 그대로 '던져졌다.'는 표현이 정확했다.

전임자가 퇴사하면서 들은 말은 단 하나. "이건 이제 네 거야." 그리고 메신저로 도착한 링크 하나.

'공유 드라이브 전체공유'.

나는 어안이 벙벙한 채 그 드라이브를 열었다. 하지만 구조는 없었고, 파일 이름은 이런 식이었다.

최종_ver_final2_진짜최종(1).pptx

파일명 하나에서조차 이 조직의 혼란이 느껴졌다. 도대체 '진짜'는 어디에 있는가? 그 누구도 내게 이 업무의 시작, 맥락, 우선순위를 말해 주지 않았다. 심지어 팀 문서 어디에도 정리된 건 아무것도 없었다.

그래서 나는 혼자 '고고학자'처럼 일하기 시작했다. 회의록을 발굴하고, 슬랙을 발굴하고, 메일 제목에 포함된 키워드로 검색을 반복했다. 이 일이 왜 나한테 왔는지, 과거 누가 맡았는지, 그 사람이 왜 나간 건지….

'사수' 없는 조직에서의 첫 업무는, 프로젝트가 아니라 실종사건의 수사였다.

- 누구에게 물어야 할지도 모를 때

그럼에도 불구하고, 나는 누구라도 붙잡고 물어보려 했다. 하지만 돌아오는 대답은 항상 비슷했다.

- "저도 그건 잘 몰라요."
- "그거 원래 ○○님이 하던 건데… 퇴사하셨어요."
- "그냥 해 보시고, 안 되면 말씀 주세요."

이 말은 나쁜 의도가 아니었다. 그들도 그들만의 전쟁을 치르고 있었기 때문이다. 정리된 가이드도, 기록된 맥락도, 심지어 질문할 대상조차도 흐릿한 곳. 스타트업이란 그런 곳이었다.

빠르게 쌓이고, 빠르게 흘러가는 곳. 그래서 나는 어느 순간 "수습"이 곧 업무라는 걸 받아들이기 시작했다.

- 시행착오라는 이름의 유일한 교육 시스템

나는 기획안을 만들었고, 누군가에게 검토를 요청했다. "이건 좀 아닌 것 같아요."라는 피드백이 돌아왔다. 그래서 나는 다시 고쳤다.

다시 보여 드렸지만, 또다시

"이건 너무 두루뭉술해요."

"이건 너무 디테일한데요."

혼란스러웠다. 피드백이 서로 충돌했다. A는 디테일을 더하라고 했고, B는 간결하게 줄이라고 했다. 결국 나는 깨달았다. 이 조직의 피드백은 정답이 아니라 방향이라는 것을. 그들의 언어는 팩트가 아니라 기류였다. 누가 말하느냐, 언제 말하느냐, 어떤 분위기에서 말하느냐가 내용보다 중요했다. 그래서 나는 매번 실패한 뒤에야 기준을 익혔다. 그리고 다음엔 이런 말을 들었을 때, '왜 이런 반응이 나왔을까.'를 기록하기 시작했다. 그게 나의 유일한 매뉴얼이었다.

- 경험으로 만든 비공식 문서

시간이 지나자, 나도 어느새 누군가에게 뭔가를 설명하고 있었다.

- "저 링크는 정리 안 돼 있어요, 제가 만든 버전 드릴게요."
- "이건 회의 전에 미리 메신저로 톡 던져 보는 게 좋아요."
- "보고서 쓰실 때, 대표님은 숫자보다 흐름을 먼저 보세요."

놀랍게도, 그 말들은 어디에도 적혀 있지 않았다. 누군가 내게 가르쳐 준 적도 없었다. 하지만 나는 이미 알고 있었다. 왜냐하면 그 모든 실패를 내가 직접 겪었기 때문이다.

그래서 나는 누가 시키지 않았지만, 문서를 정리하기 시작했다. 공유드라이브를 구조화했고, 중요한 링크는 한 페이지에 모았다. 팀 공유문서에는 "이 팀의 회의 예절", "보고서에서 쓰면 좋을 표현" 같은 비공식 가이드를 만들었다. 그건 내가 써야 하는 문서가 아니라, 내가 겪었던 방황을 누군가는 겪지 않길 바라는 마음이었다.

- 사수의 부재가 만들어낸 진짜 학습

어쩌면, 스타트업의 교육은 사수가 아니라 '혼자 했던 경험의 메모'에서 시작된다. 그리고 그 메모를 남기는 사람이 조직 안에서 사수의 역할을 하게 되는 것이다.

사수가 없던 나는, 그래서 사수가 되어야 했다. 내가 배웠던 방식은 누군가에겐 너무 고단한 방식이었기에. 누군가는 물어본다. "왜 그렇게까지 문서를 잘 정리하세요?" 그럼 나는 마음속으로 대답한다. "그 파일 하나 못 찾아서, 밤새도록 로그 뒤지던 내게 미안해서요."

변재일

"외국계 멘토링, 사수가 아닌 가이드와 함께하는 성장."

- 사수 vs 멘토, 단어에 담긴 철학의 차이

외국계 기업의 멘토링 시스템과 한국 기업의 사수 제도는 근본적으로 다른 철학을 가지고 있다. 한국 기업에서 '사수'라는 용어가 위계질서와 수직적 관계를 암시한다면, 외국계에서 사용하는 '멘토(Mentor)'나 '버디(Buddy)'라는 표현은 보다 수평적이고 협력적인 관계를 지향한다.

처음 외국계에 입사했을 때 이 차이가 크게 와닿았다. 한국 기업에서는 "사수님께 여쭤 봐야지."라고 생각했다면, 외국계에서는 "멘토에게 조언을 구해 보자."라는 마음가짐이었다. 미묘한 차이 같지만, 실제로는 관계 전체의 성격을 바꾸는 중요한 차이였다.

외국계 기업에서는 같은 직급이라고 하더라도 각자가 담당하는 클라이언트, 프로젝트, 그리고 전문 영역이 명확히 구분되어 있다. 이러한 구조적 특성 때문에 전통적인 의미의 '사수'라는 개념보다는, 조직 문화와 업무 프로세스에 대한 이해를 돕는 가이드 역할을 하는 멘토나 버디 시스템이 더 적합하다고 볼 수 있다.

이들의 주요 역할은 신입사원이나 새로운 팀원이 조직의 문화, 업계의 특성, 그리고 회사 제품의 본질을 빠르게 파악할 수 있도록 돕는 것이다.

- 첫 번째 회사: 체계적인 시스템: 점진적 성장을 위한 맞춤형 커리큘럼

첫 번째 회사는 상당히 체계적인 멘토링 시스템을 갖추고 있었다. 모든 팀에 멘토가 배정되어 있었고, 이들은 단순히 업무를 전달하는 역할을 넘어서 종합적인 온보딩 프로그램을 제공했다.

멘토들은 나에게 구체적인 업무를 할당하면서도, 그 업무가 전체 조직 목표와 어떻게 연결되는지, 그리고 어떠한 방식으로 접근해야 효율적으로 성과를 낼 수 있는지에 대해 상세히 설명해 주었다.

특히 인상적이었던 것은 멘토들이 나의 학습 곡선을 고려한 맞춤형 업무 배정을 해 주었다는 점이다. 처음에는 비교적 단순한 업무부터 시작해서, 점차 복잡하고 전략적인 업무로 난이도를 높여가는 방식이었다.

이러한 점진적 접근법 덕분에 업무에 대한 자신감을 차근차근 쌓아갈 수 있었다. 갑자기 어려운 업무에 던져져서 당황하는 일 없이, 단계별로 성장할 수 있는 환경이었다.

1. 평가자이기도 한 멘토의 이중 역할

하지만 동시에 이들 멘토가 나의 업무 성과를 직접 평가하는 권한을 가지고 있었기 때문에, 매일매일이 일종의 시험 같은 느낌이었다. 멘토와의 관계가 단순한 조언자를 넘어서 평가자의 역할까지 겸하고 있었던 것이다.

이러한 구조는 빠른 성장을 촉진하는 장점이 있었지만, 동시에 심리적 부담감도 상당했다. 매 업무마다 "이것이 평가에 어떤 영향을 미칠까?"

라는 생각을 하지 않을 수 없었고, 이로 인해 때로는 창의적인 시도보다는 안전한 선택을 하게 되는 경우도 있었다.

멘토에게 질문을 할 때도 "이런 걸 물어보면 무능하다고 생각하지 않을까?" 하는 걱정이 앞섰다. 물론 멘토들은 최대한 편안한 분위기를 만들려고 노력했지만, 구조상 어쩔 수 없는 긴장감이 있었다.

- 두 번째 회사: 집약적이고 실용적인 인수인계: 시간과의 전쟁, 하지만 효과적인 전수

두 번째 회사에서의 경험은 첫 번째 회사와는 완전히 다른 성격이었다. 내가 입사했을 때 이미 퇴사가 확정된 전임자가 있었고, 그분은 1주일의 휴가를 앞두고 있어서 실질적으로 약 3주간의 인수인계 기간만이 주어져 있었다.

이러한 시간적 제약 때문에 인수인계는 매우 집약적이고 실용적인 방식으로 진행되었다. 전임자는 오랜 기간 축적해 온 업무 자료들을 체계적으로 정리해서 넘겨주었다.

단순히 파일을 전달하는 것이 아니라, 각 자료의 배경과 활용 방법, 그리고 주의해야 할 포인트들을 상세히 설명해 주었다. 특히 클라이언트별 특성, 업무 처리 시 자주 발생하는 이슈들, 그리고 효율적인 문제 해결 방법 등 실무에서 바로 활용할 수 있는 노하우들을 집중적으로 전수받을 수 있었다.

- 외국계 멘토링의 세 가지 특징

1. 자율성을 존중하는 지원

이러한 경험들을 통해 외국계 기업의 멘토링 시스템이 가진 몇 가지 특징을 발견할 수 있었다. 먼저, 개인의 자율성과 독립성을 존중하면서도 필요한 지원을 아끼지 않는다는 점이다.

멘토나 버디는 모든 것을 대신해 주는 것이 아니라, 스스로 판단하고 결정할 수 있는 능력을 기를 수 있도록 돕는다. "이렇게 해라."라고 직접 지시하기보다는 "이런 옵션들이 있는데, 어떻게 생각하느냐."라고 묻는 방식이었다.

2. 종합적인 적응 지원

다음으로, 업무의 기술적 측면뿐만 아니라 조직 문화와 인간관계의 역학까지 포함한 종합적인 적응 지원을 제공한다는 점이다. 이는 단순히 업무 수행 능력을 기르는 것을 넘어서, 조직 구성원으로서 성공적으로 정착할 수 있도록 돕는 것이다.

업무 스킬만 가르치는 게 아니라 "어떻게 하면 이 조직에서 잘 지낼 수 있는가."까지 고려한 멘토링이었다.

3. 효율적인 지식 전수 시스템

마지막으로, 시간적 제약이 있더라도 핵심적인 정보와 노하우를 효율적으로 전달하는 시스템을 가지고 있다는 점이다. 이는 개인의 선의에만

의존하는 것이 아니라, 조직적 차원에서 지식 전수의 중요성을 인식하고 있다는 것을 보여 준다.

두 번째 회사에서의 경험처럼, 짧은 시간 안에도 체계적으로 정리된 자료와 노하우를 전달받을 수 있었던 것은 개인의 노력뿐만 아니라 조직의 시스템이 뒷받침되었기 때문이었다.

- 멘토링이 남긴 것들

결국 이러한 멘토링 경험들은 단순히 업무 적응을 돕는 것을 넘어서, 전문직업인으로서의 성장과 발전에 필요한 토대를 마련해 주는 소중한 자산이 되었다.

특히 현재와 같이 동년배 동료가 없는 환경에서도 자신감을 가지고 업무를 수행할 수 있는 것은, 과거 멘토들이 심어준 체계적 사고와 문제 해결 능력 덕분이라고 생각한다.

무엇보다 외국계 멘토링을 통해 배운 가장 중요한 것은 "스스로 학습하는 능력"이었다. 멘토들은 답을 직접 주기보다는 답을 찾는 방법을 알려 줬다. 그 덕분에 지금도 새로운 상황에 직면했을 때 당황하지 않고 체계적으로 접근할 수 있게 됐다.

외국계의 멘토링은 의존성을 키우는 게 아니라 독립성을 기르는 시스템이었다. 그리고 그것이 장기적으로 봤을 때 훨씬 더 가치 있는 배움이었다고 생각한다.

사수, 멘토, 그리고 성장

재일: 형, 사수 없이 일 배운다는 게 진짜예요?

준혁: 진짜지. 나 때는 구글 드라이브가 사수였어.

재일: 전 '버디'가 있었어요. 궁금한 건 매주 얘기할 수 있었고요.

준혁: 스타트업은 배우기보다 버티기가 먼저야. 그래야 배울 수 있어.

재일: 그래도 형 같은 사람이 매뉴얼 만들어 줬다니, 다음 사람은 좋았겠
네요.

준혁: 결국, 내가 겪은 혼란이 누군가의 가이드가 되는 거지.

배움 구조 비교표

구분	이준혁 - 스타트업	변재일 - 외국계 기업
배움 방식	현장 실습, 자율 탐색	공식 문서, 시스템 기반
주요 채널	메신저, 회의 중 질의	내부 위키, 정기 교육
멘토링	비공식적, 불규칙	정기적 1:1 세션
장점	빠른 적응, 실전 위주	체계적 학습, 피드백 명확
단점	정보 단절 가능성	학습 곡선 길어짐

- 티키타카 인사이트

• 사수는 시스템이 될 수도 있고, 사람이 될 수도 있다.

• 스타트업은 경험을 통해 배우고, 외국계는 구조 안에서 성장한다.

• 혼자 배운다는 건 결국, 다음 사람을 위해 길을 닦는 일이기도 하다.

☞ "사수가 없을수록, 내가 사수가 되어 간다."

출근의 의미는 점점 달라진다

이준혁

- 기본에 충실한 출퇴근이라는 말의 역설

처음 회사에 다닐 때, 출근은 거의 군대였다. 새벽 6시에 알람이 울리고, 7시엔 이미 정장 차림으로 빽빽한 지하철 속에 있었다. 지하철 문에 몸을 끼워 넣고, 밀려나는 사람들과 실랑이를 하며 도착한 회사.

출입문을 밀고 들어서면 들리는 말.

"1분 늦었네?"

그 한마디가 하루를 뒤틀었다.

나는 내 능력보다 내 시계를 증명하러 다녔고, 지각 한 번이면 평가가 달라지는 조직에 속해 있었다.

그 시절, 출근이란 '일의 시작'이 아니라 '몸의 출석'이었다. 누가 일찍 오느냐가 기획보다 중요했고, 눈치와 체념이 자연스러운 태도처럼 퍼져 있었다. "기본에 충실하자."라는 말은 결국 시계에 충실하자는 뜻이었다.

그 기본은 왜 항상 '앉아 있는 시간'에서 시작되었을까.

- 유연근무제? 현실은 '지각은 안 되고 야근은 가능함.'

그러다 스타트업으로 옮겼고, 팬데믹은 모든 것을 바꿔 놓았다. 강제 재택이 시행되며 사무실은 텅 비었고, 우리는 줌으로 회의를 하고, 피그 마로 협업했다. 업무가 무너지긴커녕, 오히려 더 매끄러워졌다.

그 경험은 출근에 대한 개념을 다시 생각하게 만들었다. 사무실은 '일을 시작하는 곳'이 아니라, 사람과 교감하고 회의하는 '맥락의 공유지점'이 되었다.

이후 도입된 유연근무제. 출근시간을 자유롭게 정하고, 총근무 시간만 채우면 된다고 했다. 정해진 건 없고, 성과가 중요하다고 했다. 하지만 그건 말뿐이었다.

9시 10분에 출근하면 "어제 뭐 했어요?"라는 말이 따라왔고, 10시에 출근한 날은 저녁 9시에까지 앉아 있어야 했으며, 정작 '야근'에 대한 눈치는 사라지지 않았다.

"자율은 있지만 자유는 없다." 그게 우리가 겪은 유연근무제의 실체였다.

- 출근은 선택이 될 수 있을까?

나는 집중하고 싶은 날엔 집에서 일했고, 소통이 필요한 날엔 사무실로 나갔다. 좋은 환경에선 일을 더 잘할 수 있었고, 업무가 아닌 관계를 위해 출근하는 날도 생겼다. 그 출근은 '의무'가 아니었기에 오히려 더 즐거웠다. 음악을 들으며 천천히 걸어가고, 도착하면 "잘 지내셨어요?"라는 말로 하루를 시작하는 기분.

그건 분명 예전과는 다른 '출근'이었다. 마치 친구를 만나러 가듯, 팀을 만나러 가는 느낌. 출근은 체크인이 아니라 연결의 행위였다. 자리를 차지하는 게 아니라 역할을 함께 나누는 일이 되었다.

- 출근의 본질은 태도다

결국 나는 출근을 '몸이 아니라 마음이 도착하는 시간'이라고 생각하게 되었다.

기계처럼 책상에 앉아 있는 게 아니라, 사람들과 말이 통하고, 일에 온기를 느끼는 순간. 그게 진짜 출근이었다.

스타트업은 그 실험을 할 수 있는 곳이다. 정해진 출근이 아니라, 함께 정해 나가는 출근. 누구는 오전에 집중하고, 누구는 오후에 달린다. 어떤 날은 팀 전체가 카페에서 모이기도 하고, 어떤 날은 모두가 각자의 공간에서 함께 회의를 한다.

출근이 '형식'이 아닌 '협의'가 될 수 있는 것. 그게 스타트업에서 가능한 출근의 재정의다.

- 그래서 우리는 어디로 출근하고 있는가?

그럼에도 불구하고, 아직도 많은 스타트업에서 자율은 선언되었지만 실행되지 않는다. 유연은 말하지만 결국 9시까지 모두 모여 있고, 일찍 가는 사람에게는 눈치가 주어진다.

출근은 여전히 '온 사람'과 '늦은 사람'을 나누고, 야근은 여전히 칭찬받고 있다.

그래서 나는 말하고 싶다. 출근의 의미는 이제 '일찍 오는 것'이 아니라 '제대로 연결되는 것'이어야 한다고.

우리가 출근이라는 단어를 다시 정의하지 않으면, 스타트업은 또 하나의 '작은 대기업'이 될 뿐이다.

- 독일계 기업의 재택근무: 실험과 진화, 그리고 균형 찾기: 외국계라고 다 똑같지 않다

외국계 기업이라고 해서 모두 동일한 근무 문화를 가지고 있는 것은 아니다. 특히 재택근무에 대한 접근 방식은 기업의 본사가 위치한 국가의 문화적 배경과 노동 철학에 따라 현저한 차이를 보인다.

최근 많은 미국계 기업들이 직원들을 사무실로 복귀시키는 'Return to Office' 정책을 강화하고 있는 것과는 대조적으로, 독일계 기업들은 여전히 재택근무에 대해 상당히 관대하고 유연한 접근을 유지하고 있다.

이러한 차이는 단순한 정책의 문제가 아니라, 각국의 근로 문화와 철학적 배경에서 비롯된다. 독일은 역사적으로 근로자의 권익과 복지를 중시하는 전통을 가지고 있으며, 이는 현대 노동법의 많은 기초가 된 8시간 근무제와 퇴직금 제도가 독일에서 처음 도입되었다는 사실에서도 확인할 수 있다.

독일 기업들은 단순한 업무 효율성보다는 직원 개인의 삶의 질과 자율성을 존중하는 것을 기업 문화의 핵심 가치로 여기는 경우가 많다.

- 첫 번째 회사: 무제한에서 현실로: 자유로웠던 시절

첫 번째 독일계 기업에서의 경험은 재택근무 정책이 어떻게 현실적 필요에 의해 진화하는지를 보여 주는 흥미로운 사례였다. 초기에는 재택근무에 대한 제한이 전혀 없었다.

직원들은 자신의 판단에 따라 언제든지 재택근무를 선택할 수 있었고, 이는 독일 기업의 직원 신뢰와 자율성 존중 문화를 잘 보여주는 정책이었다. 솔직히 처음에는 이런 자유로운 분위기가 정말 좋았다.

하지만 시간이 지나면서 예상치 못한 문제들이 드러나기 시작했다. 장기간 재택근무를 지속한 직원들이 조직 내 다른 팀들과의 소통에서 어려움을 겪게 되었고, 회사 전체의 문화와 분위기를 파악하는 데 한계를 보이기 시작했다.

특히 경험이 부족한 주니어 직원들의 경우, 선배들로부터 직접적인 멘토링과 학습의 기회를 얻기 어려워하는 상황이 발생했다.

고민 끝에 도입된 것이 하이브리드 근무 모델이었다.

새로운 정책 하에서는 일주일에 최대 2번까지만 재택근무가 가능하도록 제한되었다.

1. 체계적인 관리 시스템의 도입

새로운 하이브리드 모델 하에서는 재택근무를 위한 체계적인 관리 프로세스가 도입되었다. 재택근무를 원하는 직원은 사전에 매니저에게 어느 요일에 재택근무를 할 것인지 보고해야 했다.

또한 재택근무 당일에는 여러 가지 표시 시스템을 통해 자신의 근무 상태를 명확히 알려야 했다. 회사 달력에 재택근무 표시를 해두는 것은 물론, Microsoft Teams의 상태 메시지에도 현재 재택근무 중임을 명시해야 했다.

재택근무 중에는 Teams와 이메일을 지속적으로 모니터링하여 연락이 올 경우 즉시 응답할 수 있는 상태를 유지해야 했다. 이는 재택근무가 업무 태만의 핑계가 되지 않으며, 오히려 더욱 적극적이고 반응성 있는 업무 태도를 유지한다는 것을 보여 주기 위한 노력이었다.

2. 나만의 재택근무 전략: 의도적으로 덜 쓰기

개인적으로는 주당 2회의 재택근무 기회가 주어졌음에도 불구하고, 의도적으로 1회만 활용하는 선택을 했다. 이러한 결정에는 몇 가지 신중한 고려가 있었다.

우선 재택근무의 편리함에 너무 익숙해질 경우, 사무실 근무의 중요성을 간과하게 될 수 있다는 우려가 있었다. 또한 특히 경력 초기 단계에서는 사무실에서만 얻을 수 있는 학습 기회들이 많다고 판단했기 때문이다.

동료들과의 비공식적 대화, 회의 전후의 추가적인 논의, 다른 팀의 업무 방식을 관찰하는 것 등은 모두 사무실에 있을 때만 가능한 경험들이었다. 이러한 간접적 학습의 기회들이 장기적으로 업무 역량 발전에 미치는 영향을 고려했을 때, 재택근무의 즉각적인 편의성보다는 사무실 근무를 통한 학습을 우선시하는 것이 더 가치 있다고 생각했다.

3. 그래도 얻은 혜택들

그럼에도 불구하고 주 1회의 재택근무는 상당한 이점을 제공했다. 가장 직접적인 혜택은 출퇴근 시간의 절약이었다. 이렇게 확보된 시간은 개인적인 자기계발이나 부족한 수면을 보충하는 데 활용할 수 있었다.

또한 점심시간을 이용해 택배 발송과 같은 개인적인 업무를 처리할 수 있어서, 업무와 개인 생활의 균형을 맞추는 데 도움이 되었다.

- 두 번째 회사: 더 까다로워진 시스템: 수습 기간에는 무조건 출근

두 번째 독일계 기업에서의 재택근무 경험은 첫 번째 회사와는 상당히 다른 양상을 보였다. 재택근무 자체는 여전히 가능했지만, 그 조건과 관리 방식이 훨씬 더 까다롭고 체계적이었다.

가장 눈에 띄는 제한은 3개월의 수습 기간 동안에는 재택근무를 전혀 할 수 없다는 규정이었다. 이는 새로운 직원이 회사 문화와 업무 프로세스에 빠르게 적응할 수 있도록 하고, 동시에 수습 평가를 정확하게 진행하기 위한 조치였다.

수습 기간이 끝난 후에는 재택근무가 허용되었지만, 그 과정은 상당히 공식적이었다. 재택근무를 원할 경우 회사 내부 시스템에 정식으로 신청해야 했고, 이는 단순한 매니저 보고를 넘어서는 공식적인 절차였다.

1. 팀 단위 조정의 복잡함

특히 흥미로운 규정은 같은 팀 내에서 동일한 날에 여러 명이 재택근무를 할 수 없다는 것이었다. 이는 팀 업무의 연속성과 협업의 효율성을 보장하기 위한 조치였다.

이러한 시스템은 팀원들 간의 사전 조율을 필요로 했고, 결과적으로 팀 내 커뮤니케이션을 증진시키는 부수적 효과도 가져왔다. 각자의 재택근무 계획을 공유하고 조정하는 과정에서 팀 전체의 업무 일정과 우선순위에 대한 이해도 높아졌다.

또 다른 독특한 규정은 휴가와 재택근무의 관계에 관한 것이었다. 만약 직원이 휴가를 사용할 경우, 그 주의 재택근무 일정을 반납하고 사무실에 출근해야 했다.

2. 직원들의 지혜로운 적응

이러한 규정으로 인해 직원들은 휴가 계획을 세울 때 재택근무 일정을 고려하게 되었다. 많은 동료들이 재택근무일에 맞춰서 휴가를 내는 패턴을 보이기 시작했다.

예를 들어, 금요일을 재택근무일로 정했다면, 목요일에 휴가를 내서 4일간의 긴 주말을 만드는 식이었다. 이는 제한된 재택근무 기회를 최대한 효율적으로 활용하려는 직원들의 지혜로운 전략이었다.

- 한국과 비교해 본 재택근무 문화

1. 아직 보수적인 한국

이러한 경험들을 통해 한국의 재택근무 제도가 아직 미국이나 유럽 대비 상당히 보수적이고 신중한 접근을 취하고 있다는 것을 실감할 수 있었다. 한국 기업들은 재택근무의 잠재적 부작용에 대해 더 많은 우려를 표하는 경향이 있으며, 이는 상당 부분 문화적 배경과 관련이 있다고 생각된다.

특히 한국의 기업 문화에서는 '눈에 보이는 근무'에 대한 중요성이 여전히 크게 작용하고 있다. 상사나 동료들이 직원의 업무 태도를 직접 관찰할 수 있을 때 더 큰 신뢰감을 느끼는 경향이 있으며, 이는 재택근무에 대한 제한적 접근으로 이어지고 있다.

2. 신중함의 합리성

하지만 동시에 이러한 신중한 접근에는 나름의 합리성이 있다. 실제로 재택근무 제도는 모든 직원이 성실하고 책임감 있게 활용할 때만 성공할 수 있는 제도이다.

소수의 제도 악용 사례가 전체 직원들의 복지에 부정적 영향을 미칠 수 있다는 점에서, 어느 정도의 관리와 제한은 필요할 수 있다.

- 재택근무의 진짜 의미

1. 권리가 아닌 복지

결국 재택근무는 회사가 직원들에게 제공하는 복지 혜택의 하나로 이해되어야 한다고 생각한다. 이는 직원의 당연한 권리라기보다는, 회사의 배려와 신뢰를 바탕으로 한 특별한 혜택이다.

따라서 이 제도를 활용하는 모든 직원들은 그에 상응하는 책임감을 가져야 하며, 제도가 지속가능하게 유지될 수 있도록 노력해야 한다.

2. 성공의 조건

재택근무의 성공은 단순히 개인의 편의를 증진시키는 것을 넘어서, 조직 전체의 생산성과 직원 만족도를 동시에 높일 수 있을 때 달성된다.

이를 위해서는 명확한 가이드라인, 투명한 소통, 그리고 무엇보다도 모든 구성원의 성숙한 자세가 필요하다.

- 배운 것들

독일계 기업에서의 경험을 통해 재택근무 제도가 어떻게 진화하고 발전해 나가는지를 직접 목격할 수 있었다. 처음의 무제한 자유에서 시작해서, 현실적 문제들을 경험하고, 이를 해결하기 위한 체계적 시스템을 구축해 나가는 과정이었다.

가장 인상적이었던 것은 독일 기업들이 직원의 자율성을 존중하면서도, 동시에 조직의 효율성을 놓치지 않으려고 노력한다는 점이었다. 단순히 제도를 도입하는 것에 그치지 않고, 지속적으로 개선해 나가는 모습에서 성숙한 조직 문화를 엿볼 수 있었다.

그리고 무엇보다 재택근무가 개인의 편의만을 위한 제도가 아니라, 조직 전체의 생산성과 만족도를 동시에 고려해야 하는 복합적인 이슈라는 것을 깨달았다.

독일계 기업에서의 경험은 이러한 균형점을 찾아가는 과정이 얼마나 중요하고 복잡한지를 잘 보여 주는 사례였다고 생각한다. 앞으로 한국 기업들도 이런 시행착오를 거치면서 더 나은 재택근무 문화를 만들어 나갈 것 같다.

출근은 선택이 될 수 있을까?

재일: 형은 재택과 출근 중에 뭐가 더 편했어요?

준혁: 재택은 집중이 잘 됐는데, 이상하게 소외감이 들더라.

재일: 전 재택할 때도 열심히 했는데, 둘 다 다른 거 같아요.

준혁: 결국 출근은 사람 만나러 가는 거지. 요즘은 진짜 그래.

재일: 저도 요즘은 출근이 '일'을 위한 게 아니라 '소통'을 위한 시간 같
아요.

출근비교표

구분	이준혁 - 스타트업	변재일 - 외국계 기업
출근 이유	회의와 협업, 관계 형성	코어타임 중심, 자율적 근무
출근 방식	유연근무제 재택근무 하이브리드 근무	유연 출근 + 재택 가능
출근의 변화	일 중심 → 사람 중심	자율 중심 → 성과 중심
출근에 대한 감정	가끔 반가운 장소	자기관리의 시험대

- 티키타카 인사이트

- 출근은 더 이상 '기본값'이 아니다.

- 스타트업은 사람 중심의 공간으로, 외국계는 성과 중심의 선택으로
  바뀌고 있다.

- 중요한 건 '출근 여부'가 아니라, '왜 출근하느냐.'에 대한 합의다.

☞ "출근은 관계의 질을 결정하는 선택이 된다."

관계와 소통

리더라는 낯선 단어

이준혁

- 나는 리더가 되겠다고 말한 적이 없다

나는 어느 날부터 '리더'라고 불리기 시작했다. 하지만 기억을 더듬어 보면, 단 한 번도 '제가 리더 하겠습니다.'라고 말한 적은 없었다. 단지 그 자리에 오래 있었을 뿐이다.

회의록을 정리했고, 다른 팀과의 커뮤니케이션을 대신 맡았고, 신규 입사자에게 온보딩 문서를 슬쩍 넘겨줬을 뿐이다. 그저 팀이 멈추지 않게 하려 했다. 누군가가 문서를 안 만들면 내가 만들었고, 회의 안건이 없으면 이슈를 모아 봤다.

일이 제대로 돌아가지 않을까 불안했고, 그래서 정리하고 움직였다. 그리고 어느 순간, 그게 '리더의 행동'이 되어 있었다.

- 내가 아니라도 됐는데…

사실 내가 아니어도 됐다. 누구든 그 상황에서 조금만 먼저 움직이면 '기준점'이 되었다. 그만큼 스타트업은 공백이 많았고, 매뉴얼이 없었으며, 리더십은 직책이 아니라 실행력에서 나왔다.

팀원들이 "준혁 님이 정리해 주시면 그걸로 할게요."라고 말할 때마다 나는 마음속으로 되묻곤 했다.

'내가 정해도 되는 건가?'

'지금 내가 나서는 게 맞는 걸까?'

하지만, 누군가의 판단을 기다리는 시간이 길어지면 그 프로젝트는 움직이지 않았다. 그래서 나는 회의실 문을 먼저 열었고, 메신저에 안건을 먼저 올렸으며, 가장 먼저 피드백을 모았다.

내가 정해서가 아니라, 누가 안 하니까 움직였다. 그런데 사람들은 그것을 '리더십'이라고 불렀다.

- 리더는 감정노동자다

리더라는 역할은 생각보다 '일'보다 '사람'이 많았다. 의견을 조율하고, 감정을 풀고, 때로는 갈등을 무마해야 했다. 내가 가장 어려웠던 순간은, 정답이 있어도 말하지 못할 때였다. 상대의 기분을 생각해야 했고, 팀 전체의 분위기를 고려해야 했다.

팩트와 논리만으로 일해왔던 나는, 어느 날부터 대화의 목적을 '설득'보다 '공감'에 두기 시작했다. 그건 매우 낯설고 어려운 일이었다. 하지만 회사를 움직이는 수많은 결정들이, 기다려 주지 않았기 때문이다.

- 스타트업의 리더는 '되어 있는 사람'이다

스타트업은 리더를 '임명'하지 않는다. 자연스럽게 그 역할을 해낸 사람이, 리더가 된다. 직책이 붙기 전에도, 우리는 그 사람을 따르고, 그의 의견을 먼저 듣는다.

나는 대표가 담배 피우다 말고 "앞으로 너가 리더야."라고 말하는 장면도 봤고, 하루 만에 데려온 사람이 다음 날 회의실에서 주도권을 쥐는 경우도 봤다. 그런 리더 밑에 있을 땐, 팀은 분산됐다. 누구도 그 사람을 '진짜 기준'으로 여기지 않았기 때문이다.

반면, 이름 없이 기준이 된 사람들도 있었다. 문서를 가장 먼저 만들고, 일정의 흐름을 만들어내고, 문제를 구조화하는 사람. 그가 리더였다.

스타트업의 리더십은 '선언'이 아니라 '축적'이다.

그저 매일의 행동이 쌓이고, 신뢰가 붙고, 결국 그 자리에 앉아 있는 사람이 되는 것. 그게 스타트업의 리더다.

- 나는 여전히, 낯설다

지금도 누가 나를 리더라고 부르면, 마음 한편이 간질간질해진다. 그 단어엔 여전히 부담이 있고, 책임이 있고, 누군가를 이끌어야 한다는 무게가 있다.

나는 방향을 제시하는 일에는 익숙하다. 팀의 흐름을 만들고, 앞을 비추는 역할도 마다하지 않는다. 하지만 그럼에도 불구하고, '리더'라는 단어에는 아직도 어딘가 낯선 감정이 따라붙는다.

회의에서 나를 바라보는 시선을 피하려 공유 문서를 스크롤할 때도 가끔 있다. 결정을 앞에 내놓기보다, 말하는 순간이 자연스럽게 흘러오길 기다릴 때도 있다.

하지만 나는 안다. 그 모든 머뭇거림 끝에 내가 다시 앞으로 나서고 있다는 걸. 그게 조직을 위해 필요하다는 걸.

- 리더가 되는 법은 없다

스타트업에선 리더가 되려는 사람보다 자기도 모르게 리더가 되어 버린 사람이 더 많다. 나는 리더십을 배운 적이 없다. 다만, 팀이 멈추지 않게 하려고 반복적으로 움직였다. 그 반복이 쌓여, 사람들이 나를 기준으로 보기 시작했고, 나는 그렇게 리더가 되어 있었다.

스타트업의 리더십은 선언으로 생기지 않는다. 그건 실행의 잔상 속에서, 기준이 되는 사람을 중심으로 서서히 만들어지는 것이다.

- 리더십에 대한 착각과 깨달음: 지시하는 사람이 아닌 책임지는 사람

옛날에는 리더는 지시하는 사람이라고 생각했지만, 외국계 기업에서는 전혀 다른 모습을 보여 주고 있다. 오히려 리더일수록 본인의 일도 하고, 밑에 있는 사람도 세심하게 보살펴야 하는 그런 모습을 보여 준다. 포지션이 올라갈수록 더 많은 도전을 해야 한다는 것을 최근에 느낄 수 있었다.

특히 대부분의 외국계 기업은 인력을 최소로 채용해야 하기 때문에, 팀장이 2개 이상의 포지션을 겸직하는 경우가 있다. 본인 솔루션의 팀장을 하면서 다른 팀의 팀원으로 참여하는 경우, 팀장을 하면서 Product Manager를 하는 경우가 이에 속한다.

리더는 편한 자리가 아니었다. 오히려 더 많은 책임과 부담을 져야 하는 자리였다.

1. 혼자서도 해낼 수 있다는 착각

나 또한 크지는 않지만, 리더를 해 본 적이 있었다. 바로 첫 회사였는데, 첫 회사에서 인턴 동기들을 모아 Collaboration Project를 한 적이 있었다. 분기별로 전 세계에서 같은 인턴 프로그램을 하는 사람들을 모아서 분기별로 한 번씩 문화 행사를 했다.

글로벌로 진출하고 싶은 꿈이 있었기 때문에, 나는 그 제안을 수락하여 리더가 됐다.

처음에는 세 명이 멤버였으나, 그 이후 과정은 정말 쉽지 않았다. 갑자기 학업이 바빠졌다는 이유로 프로젝트를 중단했다. 이후에 다시 조인을 요청했으나, 계속 미팅이 겹친다면서 합류를 거부해서 너무 화가 났다.

하지만, 내가 활동을 중단한다면 이 좋은 이벤트를 한국에 있는 사람들에게 연결해 줄 수가 없었다.

이를 악물고 혼자서 버텼다. 매주 30분에서 1시간씩 미팅에 참여하면서 행사의 A부터 Z까지를 전부 배우기 위해 노력했다. 중국 친구와 협의하여 한국의 설날과 중국의 춘절을 함께 묶어서 비교한 행사를 기획했다. 아시아 시간대가 굉장히 다름에도 불구하고 30명의 친구들이 참석하여 자리를 빛내 줬다.

그때는 혼자서도 할 수 있다고 생각했다. 팀원들이 빠져도 내가 더 열심히 하면 된다고 믿었다.

2. 예상치 못한 승진과 새로운 도전

"재일, 너는 충분히 할 수 있을 것 같아!"

이 팀은 원래 3명의 공동리더가 있었는데, 일본 친구가 정규직이 되면서 갑작스럽게 사임을 하게 됐다. 그 결과 나는 팀의 공동리더로 올라서게 됐다.

이후에 일본의 새 친구를 성공적으로 온보딩시키고 난 뒤, 후임들이 들어와서 팀을 확장할 절호의 기회로 삼았다. 실제로 다른 콜라보레이션 활동보다 더 시간이 든다는 것이 문제였다. 하지만 여기서 포기할 수는 없었다.

승진은 기뻤지만, 동시에 더 큰 책임감이 따라왔다. 이제는 정말로 팀을 이끌어야 하는 위치가 됐다.

3. 팀원들의 마음을 얻는 방법

"시간이 많이 드는 만큼, Resume에 꼭 쓸 수 있는 활동을 만들겠습니다!"

이러한 목표에 감응하여 4명의 팀원을 모을 수 있었다. 그동안 하던 활동들을 쭉 알려 주고, 팀원별로 원하는 역할이 무엇인지 이야기해서 고를 수 있도록 했다.

팀원들은 각자 원하는 역할을 골랐고, 꾸준히 회의도 나와 줬다. 결국 리더가 팀원들과 대화를 하고, 모두의 마음이 맞을 때 일이 잘 진행된다는 것을 느꼈다.

이때 깨달았다. 리더는 지시하는 사람이 아니라 팀원들의 목표와 동기를 이해하고 맞춰 주는 사람이었다. 각자가 원하는 것을 얻을 수 있도록 도와주는 것이 진짜 리더의 역할이었다.

- 리더십의 진짜 의미: 후임 양성

"4기에서도 리더를 뽑으면 좋겠는데요?"

원래는 지속적으로 리더를 할 생각이었지만, HR 매니저의 조언으로 4

기에서도 대표를 한 명 뽑기로 결정했다. 내가 고르기보다는 서로가 협의를 하면 좋겠다는 생각이 들었다.

그분과 밥을 먹으면서 내가 왜 이 팀을 하게 됐고, 앞으로 어떻게 팀을 운영하면 좋겠는지에 대해 많이 이야기를 나눴다.

이 과정에서 깨달았다. 진짜 리더는 자신이 없어도 팀이 돌아갈 수 있도록 시스템을 만들고, 후임을 양성하는 사람이었다. 영원히 내가 해야한다는 생각 자체가 잘못된 거였다.

1. 떠남과 성장

결국 11월 중순, 계약 연장에 실패하고 12월 초에 인사를 하고 팀을 떠났다. 현재 그 팀이 어떻게 운영되고 있는지는 이제 내가 간섭할 바가 아니지만, 처음부터 팀을 쌓아 올리려면 어떻게 해야 하는지를 배운 소중한 시간이었다.

2. 외국계에서 배운 진짜 리더십

이후 외국계에서 일하면서 진짜 리더들을 관찰할 기회가 생겼다. 그들은 내가 인턴 시절에 배운 것들을 실제로 실행하고 있었다.

첫째, 리더는 가장 바쁜 사람이다. 팀원들의 업무를 챙기면서 동시에 자신의 업무도 해야 한다. 지시만 하고 앉아 있는 사람은 없었다.

둘째, 리더는 팀원 개개인을 이해한다. 각자의 강점과 약점, 목표와 동기를 파악하고 그에 맞는 역할을 부여한다. 획일적인 관리가 아니라 맞춤형 관리를 한다.

셋째, 리더는 끊임없이 배운다. 새로운 기술, 새로운 시장, 새로운 팀원들···. 모든 것이 변화하는 환경에서 리더 자신이 먼저 적응하고 학습한다.

넷째, 리더는 책임을 진다. 팀의 성공은 팀원들의 공이고, 팀의 실패는 리더의 책임이라고 생각한다. 절대 팀원을 탓하지 않는다.

3. 리더십은 포지션이 아닌 태도

결국 깨달은 건 리더십은 직책이 아니라 태도라는 것이었다. 팀장이라는 타이틀이 있어야 리더가 되는 게 아니라, 책임감을 가지고 팀을 위해 행동할 때 리더가 되는 거였다.

인턴 시절의 작은 프로젝트에서 배운 교훈들이 외국계 회사에서 관찰한 진짜 리더들의 모습과 일치했다. 리더는 편한 자리가 아니라 더 많은 책임과 도전이 따르는 자리다.

하지만 그만큼 성장할 수 있는 기회도 많다. 팀원들과 함께 목표를 달성했을 때의 성취감, 후임을 성공적으로 양성했을 때의 뿌듯함은 개인 성과로는 절대 느낄 수 없는 특별한 경험이었다.

리더가 된다는 것

재일: 형, 스타트업에선 리더가 어떻게 되는 거예요?

준혁: 간단해. 아무도 안 하려는 거, 그냥 하면 돼. 그러면 리더야.

재일: 전 아직 누가 시켜 주지 않으면 리더란 생각을 안 해요.

준혁: 그게 문화 차이일 수도 있어. 여긴 '자리가 사람을 만든다.'는 게 많거든.

재일: 전 '사람이 자리를 만든다.'는 쪽에 더 가까운 것 같아요.

리더 인식 비교표

항목	이준혁 - 스타트업	변재일 - 외국계 기업
리더 선정 방식	선임자 자동 승계	성과 기반 역할 지정
리더의 이미지	업무를 많이 아는 사람	책임과 방향을 제시하는 사람
리더 경험	비자발적, 회피감 존재	비공식적, 점진적 리딩 경험
조직 문화	자리로 인정받음	행동으로 인정받음

- 티키타카 인사이트

- 리더란 타이틀은 권한이 아니라 책임에서 비롯된다.
- 스타트업은 공석을 채우는 과정에서, 외국계는 역할을 조율하는 과정에서 리더가 생긴다.
- 중요한 건 '어떻게 불리느냐.'보다 '어떤 역할을 수행하느냐.'이다.

☞ "리더는 타이틀이 아니라 태도다."

책임은 주는데 권한은 없을 때

이준혁

- "전적으로 맡겨요."라는 말의 무게

어느 날 대표님이 내게 말했다.

"이번 프로젝트, 전적으로 준혁 님이 맡아 주세요."

그 말은 마치 큰 신뢰의 표현처럼 들렸다. 나는 고개를 끄덕였고, 내심
뿌듯했다. 드디어 내 차례가 왔다는 기대감이 들었다.

시장조사부터 경쟁 서비스 분석, 사용자 인터뷰까지 내가 직접 발로
뛰었다. 벤치마킹 자료도 몇십 개를 분석했고, 내부 사용성 시나리오도
밤새 만들었다. 기획안은 팀원 피드백을 반영해 여러 번 수정했고, 일정
표도 현실적으로 조정해 가며 최대한 모두가 납득할 수 있는 형태로 만
들었다.

이제, 실행만 남았다. 그런데 막상 개발 리소스를 요청하자 돌아온 대
답은 이랬다.

"이건 CTO랑 우선순위 조율하셔야죠."

디자인 리소스를 요청하자,

"지금 디자인팀은 다른 PO님 프로젝트 먼저 하고 있어서요. 그쪽이 급해요."

예산을 요청하니,

"그건 대표님 재가가 필요해요. 승인 날 수 있을지 모르겠네요."

그 순간, 뒷머리가 싸해졌다. 나는 분명 '전체를 맡았다.'고 생각했는데, 사실은 '기획안만 쓰는 사람'이었던 것이다.

- 책임은 빛의 속도로 오고, 권한은 어둠에 숨어 있다

스타트업에서 '책임'은 생각보다 빠르게 온다. 특히 PO라면 더 그렇다.

"이건 PO 몫이죠."

"런칭은 언제 돼요?"

"왜 이렇게 오래 걸려요?"

이런 말은 아주 자연스럽게, 심지어 다정하게 흘러나온다. 하지만 정작 권한은 느리거나, 아예 존재하지 않는다.

나는 프로젝트의 A부터 Z까지 챙기고 있다고 생각했지만, 현실은 다음과 같았다.

- 예산 승인 권한 없음
- 디자이너 배치 불가능

- 개발 리소스 우선순위 설정 불가
- 고객지원 부서 일정 조율권 없음
- 마케팅 커뮤니케이션은 외부 담당자 몫

모든 건 내 프로젝트였지만, 정작 나는 아무것도 결정할 수 없었다.

무언가 잘못되면 PO가 방향을 잘못 잡은 탓이었고, 잘되면 그건 "우리 팀 전체의 성과"로 포장됐다.

스타트업에서 책임과 권한은 서로 다른 시간대에 산다. 책임은 빛처럼 빠르게 내게 도착하고, 권한은 어둠 속 어딘가에 숨어 있다.

- 권한이 없는 리더는 방임당하고 있는 것이다

회의에서 기획 방향을 제시하면 돌아오는 대답은 이랬다.

"그건 윗선이 동의 안 할걸요."

"그건 예산 없어요."

"디자인팀 지금 못 받아요."

그 '윗선'이 누구인지도 모른다. '동의'라는 게 어느 정도 수준의 컨펌을 의미하는지도 알 수 없다. 누구에게, 무엇을, 언제까지 요청해야 할지조차 불명확하다. 결국 나는 '맡긴다'는 말 뒤에 방치된 채, 구조 밖에서 이리저리 조율하고 수습하는 사람이 되어 있었다.

기획은 무뎌지고, 실행은 지체되며, 일정은 파편처럼 흩어졌다. 그리고 그 결과를 설명해야 하는 회의엔 나 혼자 남았다. 그 프로젝트는 결국 절반만 출시되었다.

핵심 기능은 리소스 문제로 빠졌고, 전체 시나리오는 틀어졌다. 나는 책임을 위임받은 게 아니라, 그저 방임당하고 있었던 것이다.

- 스타트업의 권한은 싸워서 쟁취해야 했다

반대의 경험도 있었다. '이건 내가 끝까지 책임지고 가져간다.'는 결심이 섰을 땐, 권한을 먼저 만들었다.

- CEO 및 CTO에게 직접 우선순위 설명
- 디자인팀 리소스 확보를 위해 1:1 미팅 진행
- 마케팅 팀과의 협업을 위해 사전 데이터 준비
- 관련 부서 전체와 협의할 수 있도록 다이어그램 정리

이때는 실제로 권한이 따라왔다. 내가 먼저 움직이고, 정리하고, 이해시키자 사람들이 나를 신뢰하고, 길을 열어 주기 시작했다.

이제 알겠다. 리더십은 부여되는 게 아니라, 조율 끝에 발생하는 합의라는 걸. 하지만 그 합의는 결코 쉬운 게 아니었다. 시간이 걸리고, 감정이 소모되고, 모든 불확실성을 내가 먼저 뚫어야 하는 길이었다.

- PO의 권한은 명시되지 않는다, 그래서 더 외롭다

PM은 일정의 책임자, PO는 방향의 책임자라고 말한다.

하지만 실제 PO는 방향도, 일정도, 예산도 "가진 것처럼 보이지만, 정작 아무것도 결정할 수 없다."

스타트업은 유연하고 빠른 조직이라고 말하지만 권한 구조만큼은 가장 유연하지 않다. 오히려 불명확하고, 유동적이고, 감정과 관계에 따라 흔들리곤 한다.

그래서 PO는 늘 경계에 선다. 앞서가면 "혼자 나간다."는 말을 듣고, 조심하면 "리더십이 없다."는 평가를 받는다.

결국 PO는 스스로를 의심하게 된다.

"내가 정말 이 프로젝트의 책임자가 맞나?"

"왜 나만 질문받고, 나만 혼나고, 나만 결과를 설명해야 하지?"

그렇게 생각하다 보면 '일을 잘하는 방법'보다 '권한을 확보하는 기술'에 더 집착하게 된다. 그게 현실이었다.

- 고립 속에서, 다시 주도권을 되찾기까지

그래서 나는 바꿨다. 처음부터 물어보기 시작했다.

"이 프로젝트를 맡긴다고 하셨는데, 예산과 리소스를 제가 직접 조율해도 될까요?"

대부분 그제야 반응이 바뀌었다.

"그건 아직 안 돼요."라든가, "그 부분은 같이 설득해 봐요."라는 식으로.

그 전까지는 누구도 권한의 범위를 알려 주지 않았다.

나는 그제서야 알았다. 책임은 무게로 오고, 권한은 말하지 않으면 끝까지 오지 않는다는 걸.

그래서 요즘은 누군가 내게 프로젝트를 맡긴다고 할 때 나는 이렇게 되묻는다.

"이건 제가 전적으로 결정할 수 있는 건가요?"

그 물음이야말로, PO가 가장 먼저 배워야 하는 말일지 모른다.

- 외국계의 명확한 룰: 책임과 권한의 경계선, 입사 전부터 시작되는 권한 파악

스타트업과 다르게 외국계 기업에는 책임과 권한이 명확하다. 입사 전에 자신이 맡은 권한과 책임에 대해서 열심히 공부를 해가야 하며, 실제로 온보딩을 하면서 내가 생각한 권한과 책임이 맞는지에 대해서 점검한다.

하지만 시간이 지나니까 이 시스템의 장점이 보였다. 명확한 경계가 있으니까 오히려 더 당당하게 일할 수 있었다.

1. "It's not your business.": 경계를 지키는 문화

"It's not your business."

영어 미팅 때 상대와 격앙되면 자주 나오는 말인데, 이 말의 뜻은 너의 범위를 넘는 일에 대해서는 책임지지 말라는 뜻이다. 그래서 내 권한을 알고 싶다면 그 부분에 대해서 나를 고용한 매니저와 꾸준히 확인하는 것이 중요하다.

처음에 이 말을 들었을 때는 좀 서운했다. '도와주려고 하는 건데 왜 이래?' 하는 생각이 들었다. 하지만 나중에 깨달았다. 이건 나를 보호해 주는 말이기도 했다.

내 권한 밖의 일을 했다가 문제가 생기면, 그 책임을 누가 져야 할지 애매해진다. 오히려 명확한 경계가 서로를 보호해 주는 거였다.

2. 내 권한 안에서는 당당하게

"제 생각에 ~~한 부분은 ~~해서 ~~해야 한다고 생각합니다." "괜찮은데? 한번 예산을 보고 진행되면 견적서 작성해 줘."

실제로 내가 맡은 분야에서는 내가 잘 안다는 생각으로 당당하게 의견을 제시할 수 있었다. 매니저도 논리에 합당하다고 생각하면 그 부분에 대해서는 적극 지원해 줬다.

또한, 회사에 다니면서 물건 출고량을 과거부터 집계하는 폴더를 만드는 경우도 있었는데, 그러한 경우도 매니저가 응원을 해 주고 지원을 아끼지 않았다.

이때 느꼈다. 권한이 명확하다는 건 제약이 아니라 오히려 자유였다. 내 영역 안에서는 누구보다 전문가로 인정받을 수 있었다.

3. 회색지대의 함정

물론 그러다 보니, 회색지대가 많이 생기는 것도 단점이다. 대표적인 사례를 하나 이야기해 보고자 한다.

한번은 마케팅 물품들을 담당하다 보니, 회사 내 창고에 보관해야 하는 경우도 정말 많았다. 그러다 보니, 일주일에 한두 번씩은 택배실에 물건을 가지러 가야 할 때가 많았다.

"어, 이 팀 또 물건 놔뒀네!"

CS팀에는 고객이 환불한 물건들이 가끔 들어오고는 했는데, 문제는 CS 팀은 택배를 가지러 가는 사람이 정해져 있지 않았다.

그래서 내가 마케팅 물품을 가지고 오면서 물건을 가져다뒀다. 처음에는 그냥 도와주는 마음이었다. 어차피 가는 길이니까 같이 가져다주면 되지 않을까 싶었다.

그런데 그것이 계속되니까 내가 그거를 당연히 해 줘야 하는 것처럼 인식이 되어 버렸다. 직원들이 귀찮아서 택배실을 잘 방문하지 않는 법이다.

4. 선의가 만든 애매한 상황

택배실에 있는 건물 직원도 안 찾아가는 것은 골칫거리였다. 게다가 굉장히 크기는 작고 비싼 물품이었기 때문에, 처리가 안 되면 곤란한 상황이었다.

이때 딜레마에 빠졌다. 계속 가져다줘야 하나? 안 가져다주면 물건이 분실될 수도 있는데? 그런데 이게 정말 내 일인가?

선의로 시작한 일이 어느새 내 업무가 되어 버린 상황이었다. 이런 게 바로 회색지대의 함정이었다.

5. 명확하게 정리하는 용기

"혹시, 이 팀 전화번호 알 수 있을까요?" "네, 팀장님 전화번호를 드리겠습니다."

결국 팀장님 전화번호를 드리고, 5건 이상의 택배가 쌓이면 가져가는 것으로 문제는 해결됐다.

물론 지금도 봉사하는 마음으로 가져다 드리고는 하지만 그래도 확실하게 회색지대를 처리하게 된 것 같아서 마음이 시원했다.

6. 경계를 지키는 것이 서로를 돕는 일

이 경험을 통해 깨달은 건, 명확한 경계를 만드는 것이 서로에게 도움이 된다는 것이었다.

첫째, 책임 소재가 명확해진다. 문제가 생겼을 때 누가 해결해야 하는지 애매하지 않다. CS팀의 택배는 CS팀에서 처리하는 게 맞다.

둘째, 업무 효율성이 높아진다. 각자 자신의 전문 분야에 집중할 수 있다. 내가 CS팀 택배까지 신경 쓰느라 정작 마케팅 업무에 소홀해지면 안 된다.

셋째, 갈등을 예방할 수 있다. '왜 내가 이것까지 해야 해?' 하는 불만이 쌓이기 전에 미리 정리하는 게 낫다.

넷째, 전문성을 인정받을 수 있다. 내 영역에서는 내가 최고 전문가로 인정받는다. 다른 팀 일까지 덤으로 하는 사람이 아니라.

7. 외국계에서 배운 일하는 방식

외국계에서 배운 가장 중요한 것 중 하나가 이거였다. 착한 사람이 되려고 경계를 무너뜨리면 안 된다는 것.

　도와주고 싶은 마음은 좋지만, 그게 지속 가능한 방식인지는 따져 봐야 한다. 한두 번은 괜찮지만, 계속되면 내 본업에 지장을 주거나 다른 사람들이 의존하게 될 수 있다.

　명확한 권한과 책임은 제약이 아니라 보호막이다. 내가 책임질 수 있는 범위 안에서 최선을 다하고, 그 밖의 일은 담당자에게 정중하게 연결해 주는 것. 그게 진짜 프로페셔널한 태도였다.

　지금도 가끔 회색지대가 생기면, 그때의 경험을 떠올린다. 선의로 시작한 일이 부담이 되기 전에, 명확하게 정리하는 용기를 내는 것. 그게 나와 동료 모두를 위하는 길이라는 걸 배웠다.

책임이냐, 위임이냐

재일: 형, 스타트업에서는 진짜 뭐든 맡기나 봐요?

준혁: 맡기긴 하는데, 정작 결정은 못 하게 돼.

재일: 그럼 책임만 지라는 거네요.

준혁: 맞아. 외롭게 되지. 뭔가 잘못되면 다 내 책임인데 결정 권한은 없거든.

재일: 전 정반대예요. 뭘 하려면 항상 보고하고 승인을 받아야 해서요.

준혁: 결국 책임이 있어도, 권한이 없으면 그건 그냥 도전이 아니라 짐이야.

책임과 권한 체감 비교표

항목	이준혁 - 스타트업	변재일 - 외국계 기업
역할	기획부터 실행까지 전담	역할별 분담 명확
책임	전방위적 책임 부여	담당 영역 내 책임
권한	결정권은 대표에게 있음	정해진 권한 외엔 제한
결과	실패는 개인, 성공은 조직	결과는 팀의 공으로 처리

- 티키타카 인사이트

- 책임은 곧 권한을 의미해야 한다. 그 둘이 불균형할 때, 사람은 지친다.

- 스타트업은 위임과 방임 사이의 경계를 조율해야 하고, 외국계는 권한 밖의 제안도 포용할 수 있어야 한다.

- 일은 혼자서 하는 게 아니다. 책임도, 권한도 '함께 나눌 수 있어야' 조직이 건강해진다.

☞ "책임만 있는 구조에선, 주도성도 사라진다."

11장 ————————————————————

메신저는 쏟아지고, 결정은 나만 못 해요

이준혁

- "가능하신가요?"로 시작되는 하루

하루의 시작은 늘 메신저 알림이었다.

딱히 알람을 맞추지 않아도, 메신저과 노션, 이메일 알림이 나를 깨웠다.

아침 9시도 되기 전부터 핸드폰엔 이미 메시지가 수십 건.

- "이거 가능하신가요?"
- "저는 이게 더 맞는 것 같은데요?"
- "혹시 어제 얘기한 거 반영됐을까요?"
- "다시 논의해야 할 것 같아요."

나도 모르게 습관처럼 메신저에 접속했다.

빠르게 리액션을 달지 않으면 금방 또 다른 대화에 덮여 버리기 때문이었다.

메신저은 채팅이 아니라 생존이었다.

실시간 대응을 놓치면 "왜 답이 없어요?", "준혁 님 확인하셨어요?"라는 알림이 꼬리를 물었다. 그러면서도, 정작 중요한 의사결정은 아무도 하지 않았다.

- 무한 반복의 결론 없음 루프

나는 자연스럽게 '정리하는 사람'이 되었다.

모든 채널의 메시지를 스크린샷으로 모으고,

회의록을 작성하고, 대화 내용을 다시 정리해서 안건을 재구성했다.

그런데 이상했다.

이 대화는 어제도 했고, 그저께도 했고, 지난주에도 했던 이야기였다.

- "일단 방향성만 정리해 볼까요?"
- "대표님 보고 나서 판단하실 거예요."
- "이건 아직 논의 중입니다."

다들 말은 했다. 그런데 아무도 결정하지 않았다.

결정은 계속 미뤄졌고, 정리된 안건은 다음 회의로 넘어갔다.

그리고 다음 날 아침, 또 똑같은 메신저 알림이 왔다.

"그건 어제 안 나온 이야기 아닌가요?"

"정리해 보긴 했는데, 결론은 보류죠?"

결정은 도돌이표였다. 제자리에서 뱅글뱅글 돌기만 했다. 누가 봐도 결정을 내릴 타이밍이었지만, 스타트업은 이상할 정도로 '보류'에 능했다.

- '결정피로'가 아닌 '비결정피로'

이쯤 되니 내 피로감도 달라졌다.

그건 흔히 말하는 '결정 피로(Decision Fatigue)'가 아니었다.

나는 오히려, 결정할 수 없어서 생기는 피로, 즉 '비결정 피로(Non-Decision Fatigue)'를 겪고 있었다.

- 일을 시작하려면 누군가의 오케이가 필요한데, 그 오케이는 계속 미뤄졌고,
- 내가 리드를 해도 마지막 승인이 없어서 문서를 덮어야 했고,
- 회의는 했지만 결론은 없었고,
- 문서를 제출했지만 "이거 다시 방향 바뀔 것 같아요."라는 피드백이 돌아왔다.

결정이 내려지지 않으니, 일을 할 수도, 멈출 수도 없는 상태가 반복됐다. 작업의 진척은 0이고, 피로도는 100이었다.

- '결정이 번복되는 조직'의 지옥

결정이 없어서 문제인 줄 알았는데, 결정을 내린 후에도 다시 바뀌는 게 더 고통스러웠다.

어렵게 A안을 선택했는데, 며칠 뒤 누군가가 말했다.

"그거, B안으로 돌아가는 거 알고 계셨죠?"

이미 디자인이 진행 중이었고, 개발 일정도 A안 기준으로 잡혀 있었다. 하지만 '대표님과 상의 후 변경되었다.'는 이유로, 전부 되돌아갔다. 문서도, 일정도, 리소스도 다시 시작.

이런 일이 반복되면 PO는 점점 '기획의 동기'를 상실하게 된다.

결정이 언제든 뒤집힌다는 걸 알게 되면, 최선을 다해서 기획할 이유가 사라진다. 어차피 다시 바뀔 거니까. 결정을 해도 무력하고, 결정을 못 해도 무기력한 상태. 이것이 스타트업의 비결정 루틴이다.

- 결정하지 못하는 조직이 주는 폐해

이런 조직에서 가장 무너지는 사람은 '실행자'다. PO는 결정자가 아니다.

하지만 결정을 위한 준비와 정리는 거의 전담한다. 그런데 그 결론이

미뤄지고, 번복되고, 다시 논의된다면

　PO는 회의록 작성 머신이 될 수밖에 없다.

- 진도는 안 나가는데 회의는 계속해야 하고,
- 방향은 안 정해졌는데 일정은 다가오고,
- 피드백은 쌓이는데 정리는 내 몫이고,
- 책임은 생기는데 결정은 없다.

　이것이 PO가 겪는 현실적 고통이다. 결정하지 않는 조직이 주는 가장 큰 리스크는 '실행력을 잃어버리는 것'이다. 그리고 그것은 결국 팀 전체의 동기 저하로 이어진다.

- 결정권이 없을수록, 프로세스는 명확해야 한다

　나는 이때부터 '결정에 이르는 구조'를 바꾸려고 했다.

- 매 회의 안건에 "최종 결정 여부"를 표시했고,
- 회의 시작 시점에 "오늘 결정할 내용 3가지"를 명시했다.
- 결정권자가 없는 회의는 결정을 요구하지 않기로 했다.
- 메신저로 회의 결론이 번복되지 않도록, "변경 시 회의 재소집" 원칙도 만들었다.

이런 시도는 완벽하지 않았다. 하지만 그때부터 최소한 결정이 '사라지는' 일은 줄어들었다.

결정하지 못하는 조직에선, 결정이 언제 어떻게 나는지 구조적으로 명시되어야 한다.

그렇지 않으면, 결정은 감정과 기분에 좌우되고, PO는 무기력한 조율자만 되기 때문이다.

결정은 어디서 이뤄지는가?

재일: 형 회사는 메신저로도 결정 안 났어요?

준혁: 의견만 나고, 결정은 안 나. 결국 회의나 대표한테 다시 돌아가.

재일: 저희는 꼭 이메일로 기록을 남기고 R&R에 따라 결정을 하고 책임을
    집니다.

준혁: 그게 부럽더라. 우리는 다들 말은 많은데, 책임은 아무도 안 져.

재일: 결국 시스템이 없으면, 사람이 다 짊어져야 하더라고요.

준혁: 맞아. 시스템이 결정을 책임져야 사람이 버텨.

커뮤니케이션 비교표

구분	이준혁 - 스타트업	변재일 - 외국계 기업
의사소통 수단	메신저 중심, 실시간 공유	공식 문서, 이메일 및 회의 중심
결정 방식	대표 의존, 회의 반복	정해진 권한자가 공식 결정
문서화	거의 없음, 회의 후 구두 공유	모든 결정은 문서화 및 저장
피로도	결정 지연으로 인한 피로 누적	시간은 오래 걸리지만 명확함

- 티키타카 인사이트

• 메신저는 빠르지만 책임을 분산시키지 못한다.

• 결정은 말보다 시스템이 남겨야 한다.

• 의견은 많을 수 있다. 그러나 결정은, 책임을 남기는 방식이 중요하다.

☞ "결정은 말보다, 구조가 한다."

내가 일하는 이유는 팀 때문일까, 나 때문일까?

이준혁

- "너는 왜 거기 계속 다니는 거야?"

지인들이 나에게 물었다. "너는 왜 거기 계속 다니는 거야?"

나는 망설임 없이 대답했다. "사람들 때문이야."

연봉 때문도 아니었고, 워라밸 때문도 아니었으며, 업무 난이도가 낮아서도 아니었다.

정말 그때는 '같이 일하는 사람들'이 회사에 남아 있게 만드는 이유였다.

야근하다 편의점에서 컵라면을 먹고, 출시 전날 밤을 꼬박 새며 버그를 잡고, 서로의 초췌한 얼굴을 보며 "수고했어요." 하고 웃을 수 있었던 팀. 그 기억 하나로, 나는 다시 일어설 수 있었다.

같이 일하는 사람들이 있었기에, 일도 견딜 만했다.

- 일이 재미있는 걸까, 사람이 좋아서 견디는 걸까

하지만 시간이 흐를수록 질문이 생겼다.

- 내가 이 일을 계속하는 건, 나의 성장을 위해서일까?
- 아니면 이 팀을 위해서 남아 있는 걸까?
- 일이 진짜 재미있어서일까, 아니면 좋은 사람들이 있어서 버티는 걸까?

팀원이 떠나고, 새로운 리더가 들어오고, 조직이 갈라지기 시작하면 이 질문은 더 자주 올라왔다.

"이제 이 팀, 예전 같지 않아." 그 말이 나왔을 때는 이미 늦었다.

그건 이직의 예고편이었고, 퇴사의 알람이었다.

그래서 나는 그때부터 일과 사람의 균형을 고민하기 시작했다.

그리고 결론을 내렸다. 일은 나를 성장시키는 도구였고, 사람은 그 여정을 함께하는 에너지였다.

- 스타트업에서 '나'만을 위해 일할 수는 없다.

스타트업은 혼자서는 살아남을 수 없는 곳이다. 단순히 협업이라는 단어로는 설명이 부족하다.

기획자가 아무리 좋은 기능을 기획해도, 개발자가 만들지 않으면 의미 없고, 디자이너가 완성하지 않으면 전달되지 않는다.

이런 구조 안에서는, '나'를 위해 일하는 사람도, 결국엔 팀의 도움 없이는 아무것도 할 수 없다.

그렇기에 '내 일만 잘하면 된다.'는 마인드는 빠르게 벽에 부딪히고, '저 팀 일은 몰라도 돼.'라는 태도는 사일로를 만든다.

그 순간부터 회사는 나뉜다.

- "이건 우리 팀 일인데요?"
- "그건 저 팀에서 책임져야죠."
- "우리는 거기까지 관여 못 해요."

이렇게 말하는 순간, 우리는 같은 방향으로 달리고 있지 않다. 공동체는 깨지고, 부서별 성과만 남게 된다.

- C-level의 역할은 '비전'과 '가치'를 명확히 하는 것

여기서 중요한 역할은 경영진, 특히 CEO, CPO, CTO 같은 C-Level 리더들이다.

임원은 비전을 그리는 사람이어야 한다. '왜 이 일을 하는가.',

'우리가 어떤 가치를 만들고 있는가.'를 팀에게 계속해서 설명하고 연결시켜 주는 역할.

그리고 조직 전체가 그 비전에 공감하고, 자신이 하는 일의 의미를 스스로 납득할 수 있게 만들어야 한다.

그 비전이 명확하지 않으면, 사람들은 점점 '내 일'에만 몰두하고, 팀 간 갈등은 깊어지며, 결국 "나 왜 이러고 있지?"라는 자문에 도달한다.

그 질문에 답하는 것, 그게 리더의 역할이고, CEO의 책임이다.

- 리더는 목표를 끌어당기는 자석이다

스타트업에서 리더는 단지 성과를 관리하는 사람이 아니다.

- 목표를 설명하고,
- 팀원과의 거리를 좁히고,
- 협의점을 만들어내고,
- 각자의 성장에 의미를 부여하는 사람이다.

내가 맡은 팀이 있다면, 그 팀이 스스로 방향을 찾을 수 있도록 구조를 설계하고, 함께 걸을 수 있도록 토양을 만들어줘야 한다.

잘하는 사람만 칭찬할 게 아니라, 실패한 사람도 안아야 하고, 지금은 부족하지만 가능성 있는 사람에게

길을 만들어 줘야 한다. 리더는 말로 응원하는 사람이 아니라, 실제로 옆에서 함께 걷는 사람이어야 한다.

- 나는 일 때문에 시작했지만, 사람 덕에 계속한다

나는 지금까지 꽤 많은 이직을 했고, 그만큼 많은 팀과 동료를 만났다.

그리고 확신하게 되었다.

일은 나 때문에 시작했지만, 계속할 수 있었던 이유는 결국 '사람'이었다. 하지만 이제는 안다.

사람만 보고 일해서도 안 되고, 일만 보고 사람을 놓쳐서도 안 된다는 것을….

결국 중요한 건, '공동의 가치'가 있고, 그 안에서 내가 할 수 있는 일이 분명하며, 내 옆의 동료들과 그 가치를 함께 향해 가고 있다는 실감. 그게 내가 지금 이 일을 계속하는 이유다.

일은 혼자 하지만, 버티는 건 같이

재일: 형은 팀 때문에 버틴 적 있어요?

준혁: 많지. 나 때문에 회사를 버틴 게 아니라, 나랑 일하던 사람들이 나를 붙잡아 줬지.

재일: 저도 딱 한 번 그런 적 있었어요. 실수했을 때 팀장이 말해 줬어요. '우리 문제'라고.

준혁: 그 말이 제일 큰 힘이지. 혼자만의 실패가 아니라고 느껴지니까.

재일: 그래서 요즘은 저도 그런 사람이 되고 싶어요. 누군가 실수했을 때 그렇게 말해 주는 사람.

준혁: 그게 팀이 주는 힘이고, 우리가 팀이 되는 방식인 것 같아.

소속감과 거리감 비교표

항목	이준혁 - 스타트업
팀의 정의	같이 고생하고 웃는 사람들
소속감의 기준	감정적 연결과 신뢰
위기의 순간	사람이 나를 지지해 줌
팀워크의 방식	친밀감 중심의 케미

- 티키타카 인사이트

- 사람 때문에 회사를 다니기도 하지만, 그만두는 이유도 결국 사람이다.
- 감정적 소속이든 구조적 협업이든, 결국 중요한 건 책임을 함께 지는 경험이다.
- '우리'는 함께 버틴 사람들에게만 허락되는 말이다.

☞ "일은 혼자 하지만, 버티는 건 같이 한다."

평가와 성장

13장 ———————————————————

일잘러가 된다는 건

이준혁

- 스타트업의 일잘러 기준

처음엔 정말 단순했다. '일 좀 잘한다.'는 말이 듣고 싶었다.

일정도 잘 지키고, 기획안도 정갈하게 만들고, 빠르게 피드백 반영하고, 미팅에선 흐름을 잘 정리하는 사람. 회사에서 인정받고 싶었고, 메신저에 내 이름이 자주 언급되는 것도 나쁘지 않았다.

"그건 준혁 님이 잘하시잖아요." 처음에는 그 말이 칭찬 같았다.

하지만 시간이 지나면서 이상한 기분이 들기 시작했다.

자꾸만 일이 몰렸다. 새로운 프로젝트가 생기면 나에게, 정리 안 된 업무가 생기면 나에게, 누가 리드할지 애매하면 나에게….

결국 나는 알게 됐다. 그 말은 칭찬이 아니라 "이 사람은 믿고 시켜도 된다."는 암묵적 면책권의 선언이었다는 것을.

- 스타트업에서 '일잘러'는 만능이 되어 버린다

그 무렵 나는 동시에 네 개의 프로젝트를 리딩하고 있었고, 컨펌되지 않은 디자인을 체크하고 있었고, 고객 응대용 문구도 내가 쓰고 있었다. 회의를 마치고 돌아오면 메신저에는 100개 넘는 메시지가 쌓여 있었고, Gmail은 수십 개의 미확인 메일에 붉은 배지를 달고 있었다.

누군가는 말했다. "그래도 일단은 준혁 님이 보면 되지 않을까요?" 그 말은 위로도, 배려도 아니었다.

나는 점점 '멀티태스킹 머신'처럼 움직였고, 문제가 생기면 가장 먼저 호출되는 '방화복 PO'가 되어 있었다. 문제는, 그 누구도 내 업무 총량을 정확히 알지 못했다는 것이다. 내가 지금 무엇을 하고 있는지, 누구에게 보고하고 있는지, 다들 잘 몰랐다.

단지 '잘하니까 맡긴다.', '준혁 님이니까 알아서 하겠지.'라는 묵시적 기대가 있었을 뿐이다.

- 일잘러의 과로는 회사의 리스크다

그런 구조는 매우 위험했다. 그 사람 하나에게 모든 업무 흐름이 몰리면, 그가 빠지는 순간 조직은 멈춘다.

나도 살펴보면,

- 고객 커뮤니케이션의 문구를 쥐고 있었고,
- 프로젝트 일정도 내가 잡고 있었고,

- 실질적인 우선순위 판단도 내가 하고 있었다.

그런데 이런 상황은 나 혼자 '대단해서' 그런 게 아니었다. 그저 내가 그나마 전체를 알고 있는 사람'이었고, '싫어하는 일이어도 회사에 도움이 된다면 거절을 잘 못 하는 사람'이었고, '다른 대안이 없는 상황'이었기 때문이었다.

스타트업은 리소스가 부족하고, 속도가 생명이기 때문에 한 명의 다기능 인재가 늘 필요하고 그렇게 구조적으로 생기기 마련이다.

하지만 그 구조를 계속 방치하면 결국 그 사람은 번아웃되고, 조직은 그와 함께 한쪽 날개를 접게 된다.

- 일잘러는 기준이 된다

그러다 문득, 어느 날 나는 내가 팀원들, 그것도 경력과 관계없이 피드백을 주고 있는 걸 발견했다.

- "이 문장 순서를 바꾸면 더 자연스러울 것 같아요."
- "그 표현은 조금 더 중립적인 톤이면 좋겠어요."
- "이런 기능은 유저가 부담스러워할 수 있어요."

나는 스스로 '리드'하겠다고 나선 적도 없었고, '리더십'을 따로 배운 적도 없었다. 그냥 일이 돌아가지 않으면 그때그때 맞춰서 말을 건넸을 뿐이었다.

하지만 그게 쌓이고 나니 사람들이 나를 '기준'처럼 여기기 시작했다. 회의에서 기준이 애매하면, "준혁 님은 어떻게 생각하세요?"로 흐름이 넘어왔고, 자료를 만들 때도, 기획안을 쓸 때도 내가 만든 포맷을 참고하고 있었다. 그때 알았다. 진짜 일잘러는 혼자서 잘하는 사람이 아니라, 팀 전체의 기준과 속도를 설계할 줄 아는 사람이라는 걸.

- 그래서 집중과 선택이 필요하다

하지만 그 이후에도 나는 고민했다.

"내가 이렇게까지 일을 맡아야 하나?" "정말 내가 아니면 안 되는 일들인가?" "이건 나만 해낼 수 있는가, 아니면 내가 그냥 너무 많이 알고 있는 걸까?"

스타트업에선 종종 정보를 많이 쥔 사람이 책임도 많이 지게 된다. 문제는, 그게 곧 업무 집중도와 리스크의 집중으로 이어진다는 점이다.

내가 병가라도 내면, 이슈는 몇 배로 커질 것이고, 정리되지 않은 정보는 메신저 바닥 어딘가에 흩어져 사라질 것이다.

그래서 그때부터 나는 '선택'과 '분배'를 고민했다.

- 어떤 일은 과감히 넘기고,
- 누군가에게 배울 기회를 주고,
- 모든 정보를 메신저이 아닌 위키에 정리하기 시작했다.

일잘러는 모든 일을 '내가' 다 하는 사람이 아니라, 팀이 함께할 수 있도록 구조를 설계하고, 속도를 유지하면서도 지속 가능하도록 시스템을 만드는 사람이라는 걸, 조금은 늦게 배운 것이다.

"다시 학생 하고 싶다!"

- 주니어가 말하는 진짜 일잘러의 조건: 공부머리와 일머리는 다르다

회사에 와서 깨달은 가장 큰 충격은 이거였다. 공부머리랑 일머리는 완전히 다른 영역이라는 것.

학생때는 참 공부를 잘했다. 시험 문제가 나오면 답이 정해져 있었고, 열심히 외우고 이해하면 좋은 점수를 받을 수 있었다. 그런데 회사에서는 정답이 없다. 가끔 얼을 타는 경우도 있고, 한 번도 해보지 않은 일들에 도전해야 하는 부담감이 크다.

그때서야 깨달았다. 학생이라는 신분이 얼마나 큰 심리적 안정감과 방어막을 줬는지. 실수해도 "아직 배우는 단계니까."라는 평계가 통했는데, 회사에서는 그런 게 없다. 모든 실수가 바로 책임으로 이어진다.

"다시 학생 하고 싶다."는 말이 저절로 나온다.

- 주니어 일잘러의 4가지 조건

그렇다면 주니어 입장에서 일잘러는 뭘까? 1년 반 동안 관찰해 본 결과, 네 가지 특징을 가진 사람이 일잘러 소리를 듣는다.

1. 빠른 진행상황 보고

이게 제일 중요하다. 아무리 똑똑하고 능력이 많아도, 상사와 방향성이 안 맞으면 소용없다.

상사가 업무를 주면 하루 이틀 후에 이메일이든 팀즈든 꾸준히 보고해서 방향성이 맞는지 체크해야 한다. 대부분 상사들은 내 일뿐만 아니라 여러 사람 일을 동시에 처리한다. 제때 보고하지 않으면 나의 업무를 잊거나 타이밍을 놓치기 십상이다.

보고는 정말 중요하다. 이건 능력의 문제가 아니라 소통의 문제다.

2. 생각할 줄 아는 사람

이 부분은 나도 아직 미흡해서 항상 다짐하고 들어가는 일이다.

물론 업무 의도를 물어보고 상사가 친절하게 설명해 주면 좋겠지만, 상사가 너무 바쁘거나 관심이 없는 경우도 종종 있다. 그럴 때는 스스로 생각해야 한다.

어떤 걸 바꿔보고 개선할 수 있을지 고민하고, 그 흔적을 만들어서 상사에게 가져가는 거다. "이 업무의 의도가 제가 생각한 것과 맞나요? 이런 아이디어가 있는데 어떤가요?" 이렇게 물어보면 단순히 시키는 일만 하는 사람이 아니라 사려 깊은 사람이라는 평가를 받을 수 있다.

물론 시간이 없어서 그렇게 하지 못하는 경우가 있는데… 반성한다.

3. 시간 관리

아무리 좋은 결과물을 가져와도 마감 기한을 지키지 못하면 아무 소용없다.

원래 계획된 시간보다 늦어도 반나절, 길어도 하루 정도는 일을 마무리하겠다는 일념으로 해야 한다. 그렇지 못하다면 리더에게 미리 상황을 말씀드리고, 중간보고를 하면서 언제까지 끝낼 수 있을지 알려드리는 게 중요하다.

특히 Operation 직무의 경우 예상하지 못한 일들이 날아오는 경우가 굉장히 많다. 업무가 꼬이는 상황을 방지하려면 1~2시간 정도는 빼놓길 추천한다. 그렇지 못하면 빼도 박도 못 하고 야근이 당첨된다.

4. 예의와 완곡어법

동양권 회사다 보니 예의, 문화, 공손함이 필수인 것 같다.

서양 회사에서는 직설적인 피드백이 가능하지만, 한국에서 비슷하게 하면 "너무 피드백이 직설적이다."는 말을 듣게 된다. 아무리 화가 나고 짜증나도 "부탁합니다.", "해 주실 수 있을까요?" 등 완곡어법을 써서 사람 심기를 건드리지 않는 사람이 일잘러로 불린다.

- 아직도 배우는 중

솔직히 말하면 나도 아직 일잘러는 아니다. 위의 네 가지를 모두 완벽하게 하지 못한다. 특히 두 번째 항목인 '생각하기'는 정말 어렵다. 바쁘다는 핑계로 그냥 시키는 대로만 하는 경우가 많다.

하지만 중요한 건 계속 의식하고 노력한다는 거다. 매일 퇴근할 때마다 "오늘은 보고를 제때 했나? 충분히 생각해서 일했나? 시간 관리는 잘

했나? 예의 바르게 했나?" 이런 걸 체크한다.

학생 때는 혼자서도 충분했다. 공부는 결국 나 혼자 하는 거니까. 하지만 회사에서는 혼자서는 아무것도 할 수 없다. 상사, 동료, 고객… 모든 관계가 연결되어 있고, 그 안에서 조화롭게 일해야 성과가 난다.

- 함께 성장하는 일잘러가 되자

글을 읽는 여러분도 직장에서 일잘러가 되어 원하는 커리어를 모두 이루시길 진심으로 바란다. 그리고 나중에는 다른 사람들에게도 좋은 영향을 줄 수 있는 사람이 되기를.

결국 일잘러의 핵심은 능력이 아니라 태도인 것 같다. 끊임없이 배우려 하고, 소통하려 하고, 개선하려 하는 마음. 그게 가장 중요한 자질이 아닐까.

아직도 가끔 "다시 학생 하고 싶다."는 생각이 든다. 하지만 이제는 그 생각이 들 때마다 이렇게 마음을 다잡는다.

지금이 진짜 배움의 시작이라고.

일잘러란 어떤 사람인가?

재일: 형, 스타트업은 일잘러 기준이 뭐예요?

준혁: 일 시키기 편한 사람. 맡기면 잘 해내는 사람.

재일: 저흰 오히려 기대치를 조율하는 게 더 중요한데…

준혁: 근데 그게 진짜 일잘러지. 그냥 '시키는 대로 다 해요.'는 금방 지쳐.

재일: 맞아요. 오히려 할 수 있는 걸 명확히 말하는 게 더 신뢰받는 것 같아요.

준혁: 일 잘한다는 건 결국, '조율의 기술'이더라.

일잘러 체감 비교표

구분	이준혁 - 스타트업	변재일 - 외국계 기업
일잘러의 기준	많은 일을 빠르게 해내는 사람	기대치를 조율하고 책임지는 사람
성과 방식	끝내고 보고	합의하고 진행
일 분배 방식	능력자에게 몰아주기	할 수 있는 만큼 명확히 나누기
스트레스 요인	과중한 책임과 실수의 부담	기대치와 실제 결과의 간극

- 티키타카 인사이트

- 일잘러는 일을 빨리 끝내는 사람이 아니라, 정확히 맞추는 사람이다.

- 성장은 '할 수 있는 일'과 '해야 하는 일'을 구분할 때부터 시작된다.

- 누구에게나 일은 몰릴 수 있다. 하지만 잘 나눈 사람이 오래간다.

☞ "일잘러는 실력보다 조율로 증명된다."

연봉 이야기

이준혁

- 스타트업의 연봉은 '시장가'가 아니다.

스타트업에서 연봉은 '시장가'로 책정되지 않는다.

정확히 말하면 '가능성에 대한 선급금' 또는 '관계에 대한 배려금'에 더 가깝다.

나는 그걸 연봉 협상 자리에서 처음 체감했다.

"준혁 님, 지금 연차에 이 정도면 나쁘지 않은 조건이에요." "올해 말쯤 투자 유치가 되면 그때 다시 얘기하죠." 그 말에는 "지금은 줄 수 없지만, 기대는 하라."는 의미가 담겨 있었다.

나는 성과를 냈고, 팀을 리딩했고, 제품의 방향성에 관여했고, 위기에도 자리를 지켰다.

하지만 그 모든 건 '현금화되지 않은 기여'로 남았다. 그것이 스타트업의 연봉 구조다.

- 누군가는 비싸게, 누군가는 싸게

스타트업은 늘 급여의 논리와 감정 사이에서 줄타기한다.

1. 지인에게는 많이 준다

대표가 신뢰하는 사람, 과거 함께했던 사람이라면 실력이 검증되지 않아도 '프리미엄 연봉'이 매겨진다.

2. 낯선 실력자는 후려친다

포트폴리오가 좋고 전 직장에서 성과를 냈어도 "우리 회사 재정이…." "형평성을 고려해야 해서…."라는 말이 따라붙는다.

스타트업은 지인 마케팅과 감정 연봉의 교차점에서 진짜 인재를 놓치고 있다는 걸 종종 잊는다.

능력 있는 주니어가 좋은 학교를 나왔고, 태도도 좋고, 기술력도 검증됐지만 그저 연차가 낮다는 이유로 '가성비 채용' 대상이 되는 장면을 수도 없이 봤다.

경력자 채용에서도 "이 사람은 XX 출신인데 연봉도 낮다더라."며 그 조건만으로 채용을 결정하는 걸 자주 봤다.

이럴 거면, 왜 스타트업을 가야 하나?

가성비로 사람을 구할 거면, 그냥 중견기업 HR 룰북을 따르는 게 낫다.

스타트업은 미래를 함께 만들 사람에게 투자하는 공간이 되어야 하지 않을까?

- 직함이 먼저고, 실무는 나중?

스타트업에서 가장 흔하게 보는 연봉의 불합리는 직함에 따라 먼저 연봉이 책정되고, 실무는 그다음에 따라오는 구조다.

어느 날, 대표가 데려온 지인이 다음날 CMO로 출근했다. 그 사람은 마케팅을 해 본 적이 없었다.

슬라이드도 못 만들고, 캠페인 하나도 런칭해 본 경험이 없었다. 하지만 전략, 브랜딩, PR 전반을 이끄는 자리를 맡았다.

그가 요청한 연봉은 꽤 높았다. 대표는 망설이지 않았다.

"우린 믿고 맡길 사람이 필요해." "리더는 연차로만 판단할 수 없지."

이런 말들은 그럴싸하게 들릴 수 있다. 하지만 실무자 입장에선 그게 "내 연봉은 평가 기준으로 책정됐고, 저 사람의 연봉은 감정으로 책정됐구나."라는 불균형으로 다가왔다.

- 연봉은 숫자가 아니라 '신뢰'다

내가 진짜 속상했던 건, 연봉이 오르지 않은 것 자체보다, 내 성장과 가치가 가시화되지 않았다는 점이었다. 연봉은 단순한 숫자가 아니라 회사가 나를 얼마나 믿고, 내가 무엇을 할 수 있다고 보는지를 말해 주는 지표이기 때문이다.

성과로 증명했을 때, 그 성과가 문서화되지 않고, 다음에도 '기대'만 하라는 말이 돌아올 때, 그 사람은 결국 회사를 믿지 않게 된다.

나는 그때부터 모든 기여를 꼼꼼하게 문서화하기 시작했다.

- 어떤 지표를 개선했는지,

- 어떤 프로젝트를 리딩했는지,

- 누가 나를 추천했는지,

- 어떤 피드백이 나에게 도달했는지.

이건 회사를 위한 게 아니었다. 나 스스로 내 가치를 잊지 않기 위해서였다.

- 그래서 스타트업은 '투자하는 조직'이 되어야 한다

스타트업은 말한다.

"우리는 성장하는 조직이에요." "성과가 있으면 확실하게 보상합니다." "사람이 전부입니다."

하지만 일찍 들어와서 성과를 낸 사람보다 갑자기 들어온 지인의 연봉이 더 높은 걸 보면, 회의에선 나의 성과를 칭찬하지만, 협상 테이블에선 그 성과가 빠진 엑셀을 받으면, 그 말은 신뢰를 잃는다.

스타트업이 진짜 '사람이 전부'인 조직이라면, 지인에게 연봉을 투자하는 것이 아니라, 인재의 미래에 투자해야 한다. 잘하는 사람에게 지분을 주는 게 아니라, 같이 해낸 사람에게 지분을 나누는 구조가 되어야 한다.

그게 어렵다면, 최소한 "왜 이런 연봉을 책정했는지"에 대한 설명과 기준은 명확해야 한다.

그게 협상의 시작이고, 조직을 떠나지 않게 하는 유일한 방법이니까.

"외국계 급여의 현실."

- 초년생이 경험한 연봉 이야기: 고정급이 전부인 초년생 현실

외국계 급여에 대해서는 솔직히 크게 답할 부분이 없다. 아직 커리어 초반이고, 대부분 외국계 인턴이나 계약직은 고정 급여를 받기 때문이다.

회사에서 급여를 제시해 주면 초년생들은 그냥 수락한다. 협상할 여지도 별로 없고, 배움에 더 큰 의미를 두는 경우가 많으니까. 나도 마찬가지였다. 첫 회사에서 연봉을 제시받았을 때 "이 정도면 괜찮네." 하고 바로 수락했다.

회사의 성과급이 어떻게 되는지, 연봉 테이블이 어떻게 구성되어 있는지 볼 기회는 아직 없었다. 다음에는 기회가 있으면 한번 보고 싶긴 하다. 그래야 내가 어느 위치에 있는지, 앞으로 어떻게 될지 감이라도 올 텐데.

- 연봉은 금기의 영역

외국계는 연봉에 대해 이야기하는 것 자체가 터부시되어 있다. 개인마다 평가 기준이 모두 다르고, 폐쇄적인 분위기를 띠는 곳이 외국계다.

동료들과도 연봉 이야기는 절대 안 한다. 가끔 궁금하긴 하지만, 물어보는 순간 분위기가 어색해질 게 뻔하다. 그냥 각자 알아서 받는 거라고 생각하고 있다.

- 첫 연봉의 중요성

다만 첫 연봉이 얼마나 찍히느냐는 생각보다 중요하다. 다음 회사에 이직할 때 전 회사의 원천징수영수증이나 Salary Offer를 보기 때문이다.

그래서 관련 서류들을 잘 저장해 뒀다가 나중에 연봉협상할 때 쓰는 게 내가 줄 수 있는 팁이다. 특히 Offer Letter는 꼭 보관해 두자. 나중에 증빙자료로 쓸 일이 반드시 생긴다.

- 이직으로 경험한 연봉 협상

두 번째 회사를 갈 때는 운 좋게 두 회사를 동시에 합격했다. 그때 처음으로 연봉 협상이라는 걸 경험해 봤다.

한 회사는 전 연봉보다 5% 인상을 제시했다. 솔직히 좀 아쉬웠다. 이직하는데 5%는 향후 커리어에 안 좋은 영향을 미칠 것 같았다.

다른 회사는 약 10% 정도의 연봉 인상을 제시했다. 거기에 복지포인트까지 포함하면 약 15% 정도의 인상이었다. 당연히 그 회사를 선택했다.

지금 그 회사 분위기에 만족하면서 다니고 있다. 돈도 중요하지만 회사 분위기가 좋다는 게 더 큰 만족 요소인 것 같다.

- 초년생에게 급여란

결국 초년생 입장에서 급여는 생존의 문제다. 많으면 좋고 적으면 아쉽지만, 그보다는 성장할 수 있는 환경인지가 더 중요하다.

첫 직장에서는 돈보다 경험을 쌓는 게 우선이라고 생각한다. 물론 최소한의 생활은 할 수 있어야 하지만, 너무 급여에만 매달리면 정작 중요한 걸 놓칠 수 있다.

외국계에서 진짜 돈을 벌려면 시니어가 되어야 한다. 그때까지는 참고 기다리면서 실력을 쌓는 수밖에 없다. 급여는 그다음 이야기다.

연봉을 말하는 언어

재일: 형은 연봉 협상할 때 무슨 얘기했어요?

준혁: 내가 했던 일, 숫자, 그리고 어떤 임팩트를 만들었는지 말했지. 처음엔 아무도 대신 얘기 안 해 주더라고.

재일: 전 정해진 문서 양식이 있어서, 거기에 맞춰서 썼어요. 그게 차라리 덜 피곤했어요.

준혁: 대신 네가 뭘 더 할 수 있는지를 드러내긴 어렵겠네.

재일: 맞아요. 그래서 일부러 동료 피드백이나, 메신저 메시지도 모아 놨어요.

준혁: 결국 스스로 말하지 않으면, 연봉은 고요하게 지나가더라.

연봉 협상 방식 비교

항목	이준혁 - 스타트업	변재일 - 외국계 기업
평가 주기	수시 평가 후 대표와 협상	연 1회 정기 평가 시스템
결정 기준	임팩트 기반 + 주관적 판단	성과 점수 + 매니저 추천

설명 방식	구두 + 직접 리포트 작성	정해진 템플릿 기반
준비 요소	성과 요약 자료, 회의	자기평가, 동료 리뷰

- 티키타카 인사이트

• 연봉은 숫자의 문제가 아니라, 자신을 설명하는 언어의 문제다.

• 스타트업은 자율과 주관이 강한 만큼, 스스로 증명하는 힘이 필요하다.

• 외국계는 구조가 보장되지만, 시스템 외의 언어를 준비해야 한다.

☞ "연봉은 말하지 않으면, 오르지 않는다."

평가의 계절

이준혁

- 예고 없이 시작되는 '피드백 시즌'

스타트업에서 평가는 '정식 시스템' 없이 시작된다. 연말이든, 분기 말이든, 아니면 투자 라운드 이후이든….

어느 날 갑자기 메신저이나 구글캘린더에 면담 일정이 잡힌다. 이름은 '피드백 면담', '1:1 리뷰', '미니 리플렉션'처럼 부드럽지만, 실상은 성과 평가와 연봉 협상을 겸하는 자리다.

그런데 문제는 기준이 없다. KPI도 OKR도 있었지만,

- 어떤 팀은 매출이 목표였고,
- 어떤 팀은 브랜드 인지도를 봤고,
- 어떤 팀은 단순히 '분위기'만 관리했다.

그리고 이 모든 기준은 '사후 해석'의 영역이었다. 내가 했던 프로젝트는 잘 마무리됐고, 유저 반응도 괜찮았고, 팀 내부 피드백도 좋았지만— 다른 팀에서 폭발적인 성장을 만든 인물이 하나 등장하면 그 순간 내 평가는 "상대적으로 임팩트가 덜했다."로 바뀌었다.

- 지표는 없고, 기대는 많고

나는 KPI를 채웠다. 정량 목표도 넘겼고, 예산도 지켰다. 그런데도 돌아온 말은 이랬다.

"성과는 괜찮은데, 기대에는 못 미쳤어요." 그 '기대'는 문서에도 없고, 회의록에도 없고, 메신저에도 없다.

'조용한 사람', '눈에 잘 안 띄는 사람'은 성과가 있어도 평가에서 밀렸다. 반면 팀장과 친하고, 회의에서 자주 발언하고, 대표와 자주 얘기하는 사람은 실수가 있어도 "열정적이야.", "배우려는 자세가 좋아."라는 코멘트를 받았다. 스타트업의 평가는 종종 성과보다 존재감의 크기로 측정된다.

- 평가라는 말에 가려진 불균형

스타트업의 평가는 사실상 '시스템의 부재'와 '관계의 농도' 사이에서 이뤄진다. 특히 아래와 같은 요소들이 평가를 흐리게 만든다.

요소	문제점 예시
정량 기준의 부재	"성과는 있는데 기대에 못 미쳐."
정성 평가의 불투명성	"팀 분위기를 잘 만들진 않았어요."
친분/신뢰 중심 평가	"대표가 좋아하는 스타일이야."
초기멤버 프리미엄	"그 친구는 초창기부터 고생했잖아."
평가자 자체의 기준 불일치	"난 리더십을 중요하게 봐요." vs "전 결과 중심이에요."

이런 평가 구조는 일 잘하는 사람을 실망시키고, 눈에 띄는 사람만 남게 만든다.

그리고 어느 순간 성과가 있는 사람도 떠나고, 회고 문서엔 "좀 더 주도적으로 일하자." 같은 추상적인 피드백만 남는다.

- '그 사람이 그 일을 했는가?'의 증명

스타트업에서는 팀 단위로 성과가 나기 때문에 누가 어떤 일을 주도했는지 불분명한 경우가 많다.

그래서 성과를 낸 후에도 평가에선 이런 질문이 돌아온다.

"그 프로젝트, ○○○ 님이 리딩하신 거 맞죠?" "준혁 님은 어느 부분을 주도하셨나요?"

내가 했다는 걸 '말하지 않으면', 내 몫은 누구의 몫이 되어 있곤 했다. 드러나지 않는 기여는, 평가에서 사라진다.

이 때문에 나는 성과를 정리하고, 중간중간 회고를 문서화하고, 특히 '내가 주도한 것'은 꼭 메신저과 문서에서 명시했다. 그게 아니면, 존재하지 않은 일처럼 다뤄질 수 있으니까.

- 불만족은 나만의 감정이 아니었다

나만 그런 줄 알았다. 그런데 커뮤니티와 메신저 익명채널, 카카오 오 픈채팅에선 늘 비슷한 말이 쏟아진다.

- "성과 냈는데 왜 내 연봉만 동결일까?"
- "리더한테 말 많이 걸었던 사람이 오히려 높은 평가 받았어."
- "전 리더랑 안 맞아서 평가 낮게 받았고, 그 리더 떠난 다음에야 겨우 올라갔어."

'기대', '분위기', '태도' 같은 모호한 단어는 스타트업의 평가를 '전략'이 아니라 '정서'로 만든다.

- 평가의 시즌을 넘는 유일한 방법

이제 나는 평가를 위해 일하지 않는다. 하지만 평가의 시즌에 무너지 고 싶지도 않다. 그래서

- 성과를 수치화하고,
- 나의 역할을 명확히 하고,
- 내가 주도한 흐름을 문서화하며,

- 피드백을 선제적으로 요청한다.

그리고 결정적으로 평가자는 절대 '모든 걸 알지 못한다.'는 사실을 인정한다.

그들에게 모든 것을 바랄 수 없다면, 내가 나를 설명할 수밖에 없다.

평가를 통과하는 게 목표가 아니라, 내 가치를 스스로 놓치지 않는 것이 목적이기 때문이다.

"명확한 기준의 부재."

- 외국계 평가 시스템에서 살아남기: 절대평가의 달콤한 유혹

"차라리 명확한 기준이 있으면 좋을 텐데."

외국계에서 일하는 주니어들이 한 번쯤 속으로 중얼거렸을 말이다. 외국계는 대부분 한국의 전통적인 상대평가보다 절대평가를 쓴다. 이론적으로는 개인의 능력을 더 객관적이고 공정하게 평가할 수 있는 시스템이다.

영업직만 상대적으로 명확하다. 실적이라는 정량적 지표가 있고, 거기에 고객 관리나 팀워크 같은 정성적 요소가 더해진다. 숫자로 나타나는 성과가 있으니 자신의 위치를 파악하기 쉽다.

하지만 다른 포지션은 대부분 정성평가로만 진행된다. 자신이 과연 어느 정도 수준인지 파악하기가 상당히 어렵다.

절대평가 시스템의 철학은 분명 매력적이다. 동료와의 경쟁보다는 개인의 성장에 집중하고, 정해진 기준을 달성하면 모두가 좋은 평가를 받을 수 있다는 것. 제로섬 게임이 아닌 원-윈 상황을 만들어낼 수 있다.

하지만 현실은 다르다. 특히 주니어 입장에서는 자신의 현재 위치나 개선해야 할 방향을 파악하기 어려워서 혼란스럽다. 명확한 기준이 있다는 것과 그 기준을 투명하게 공유한다는 건 별개 문제다.

1. 추상적 기준의 함정

외국 본사에서 만든 평가 기준들은 대부분 추상적이고 포괄적이다. '리더십을 발휘한다.', '창의적으로 사고한다.', '팀워크를 중시한다.' 같은 항목들이 나열되어 있지만, 구체적으로 어떤 행동이 좋은 평가를 받는지는 명확하지 않다.

결국 평가하는 매니저의 주관적 판단에 상당 부분 의존하게 된다. 이는 피평가자에게는 예측 불가능한 요소로 작용한다.

더구나 한국 지사의 경우, 본사의 평가 기준을 현지 상황에 맞게 조정하는 경우가 많다. 이 과정에서 원래의 명확성은 더욱 희석되고, 현장에서는 더욱 모호한 기준들이 적용된다. 문화적 차이를 고려한 조정이라고 하지만, 결과적으로는 더욱 혼란스러워지는 상황이 벌어진다.

2. 첫 회사의 12개 목표 시스템

첫 번째 회사에서의 경험은 외국계 평가 시스템이 얼마나 체계적으로 설계될 수 있는지를 보여 주는 사례였다. 6개월마다 업무를 시작하기 전에 약 12개의 목표를 세워야 했다.

목표 설정 구조는 나름 균형 잡혀 있었다. 팀에서 할 수 있는 목표 3가지로 현재 업무 성과를 측정하고, 다른 입사 동기들과 협업하는 프로젝트 3가지로 협업 능력을 평가했다. 회사 관련 기술을 공부하는 목표 3가지로 전문성 향상을 도모하고, 개인 발전 목표 3가지로 장기적인 역량 개발을 추진하는 것이었다.

이런 구조는 단순히 현재 업무 성과만 평가하는 게 아니라, 미래의 잠재력과 성장 가능성까지 포괄적으로 살펴본다는 점에서 상당히 진보적이었다.

하지만 문제는 이렇게 체계적으로 세운 목표들이 실제 평가에서 어떻게 활용되는지가 투명하지 않았다는 점이다. 로테이션이 끝날 때 리더와 피드백하는 시간이 있었지만, 이것이 어떤 점수로 환산되는지, 다른 동료들과 비교했을 때 어느 정도 수준인지는 알 수 없었다.

목표를 세울 때는 '이번 분기에 XX 시스템 Certi 따기', '강의 XX개 수강' 같은 식으로 명확하게 정의했다. 하지만 정작 평가 시점이 되면 이런 구체적인 목표 달성 여부보다는 '전반적인 인상'이나 '태도'에 대한 피드백이 더 많았다.

6개월이라는 평가 주기도 애매했다. 충분히 의미 있는 성과를 내기에는 짧고, 지속적인 피드백을 받기에는 긴 시간이었다.

3. 두 번째 회사의 모호함

두 번째 회사에서는 첫 번째 회사보다도 더욱 모호한 평가 체계였다. 따로 정해진 평가 기준이 없었고, 할 수 있는 것은 리더와 업무 때문에 진행하는 1 on 1 피드백에서 리더가 짚어 준 부분을 고치는 것뿐이었다.

예를 들면, 업무에 집중하다 보면 타자를 좀 세게 치곤 했는데, 리더가 그런 부분에 대해 피드백을 줘서 업무 환경을 개선할 수 있었다. 이런 종류의 피드백은 상당히 실용적이고 즉시 적용 가능한 것들이었다.

하지만 이것이 전체적인 업무 평가와 어떤 관련이 있는지, 다른 더 중요한 평가 요소들은 무엇인지에 대해서는 여전히 명확하지 않았다.

1 on 1 미팅의 빈도나 형식도 일정하지 않았다. 때로는 주 1회 정기적으로 진행되기도 했지만, 바쁜 시기에는 몇 주 동안 미뤄지기도 했다.

4. 내재적 동기의 발견

그러다 보니 자연스럽게 외재적 동기보다는 내재적 동기에 집중해서 업무를 수행하게 되었다. 이는 의외의 수확이었다.

점수나 평가에 연연하지 않고, 순수하게 일 자체의 의미와 가치에 집중할 수 있게 되었다. '오늘 이 일을 완료하면 뿌듯할 것 같다.', '이 문제를 해결하면 많은 사람들이 도움을 받을 것이다.', '이 프로젝트를 통해 새로운 것을 배울 수 있을 것이다.' 같은 식으로 일 자체에서 의미를 찾으려고 노력했다.

이런 접근법은 예상보다 훨씬 효과적이었다. 평가에 대한 스트레스가 줄어들면서 오히려 더 창의적이고 적극적으로 일할 수 있게 되었다. 실수에 대한 두려움도 줄어들어서 새로운 시도를 하는 데 주저하지 않게 되었다.

동료들과의 관계도 더 자연스러워졌다. 경쟁적인 관계보다는 협력적인 관계로 인식하게 되었고, 서로의 성공을 진심으로 축하하고 도움을 주고받을 수 있게 되었다.

하지만 내재적 동기만으로는 한계도 있었다. 장기적인 커리어 방향성을 설정하거나, 시장에서의 자신의 가치를 객관적으로 평가하기 어려웠다. 결국 내재적 동기와 외재적 동기 사이의 적절한 균형점을 찾는 것이 중요했다.

5. 피드백 문화의 힘

두 번째 회사에서의 경험을 통해 깨달은 것은 평가 시스템의 정교함보다도 일상적인 피드백 문화가 더 중요하다는 것이었다.

좋은 피드백의 조건들을 경험을 통해 배울 수 있었다. 첫째, 즉시성이 중요했다. 문제가 발생했을 때 바로 피드백을 주는 것이 나중에 정기 평가에서 언급하는 것보다 훨씬 효과적이었다.

둘째, 구체성이 필요했다. '태도가 좋지 않다.'보다는 '타자 소리가 시끄럽다.'가 훨씬 실용적인 피드백이었다.

셋째, 개선 방향을 제시해 주는 것이 중요했다. 단순히 문제를 지적하는 것이 아니라 '이렇게 해 보면 어떨까.'라는 대안을 함께 제시해 주면 훨씬 받아들이기 쉬웠다.

이런 일상적인 피드백들이 쌓이면서 점진적이지만 지속적인 발전을 이룰 수 있었다. 6개월이나 1년 단위의 정기 평가보다 오히려 이런 소소한 피드백들이 실질적인 변화를 만들어냈다.

6. 완벽한 시스템은 없다

이런 두 회사에서의 경험을 종합해 보면, 완벽한 평가 시스템은 존재하지 않는다는 걸 깨달았다. 어떤 시스템도 장단점이 있고, 모든 상황과 모든 사람에게 완벽하게 맞을 수는 없다.

투명성과 공정성은 다른 개념이다. 투명하다고 해서 반드시 공정한 것은 아니고, 공정하다고 해서 반드시 투명한 것도 아니다.

평가받는 사람의 성숙도와 경험이 평가 시스템의 효과에 큰 영향을 미친다. 같은 시스템이라도 그것을 받아들이고 활용하는 개인의 능력에 따라 전혀 다른 결과가 나올 수 있다.

외국계 기업의 평가 시스템은 분명히 한국의 전통적인 시스템보다 많은 장점을 가지고 있다. 개인의 성장에 더 집중하고, 객관적인 기준을 적용하려고 노력하며, 장기적인 발전을 고려한다.

하지만 동시에 문화적 차이나 현실적 제약으로 인해 완전히 이상적으로 작동하지 못하는 경우도 많다.

결국 중요한 것은 어떤 평가 시스템 하에서든 자신만의 성장 방식을 찾아가는 것이다. 시스템의 한계를 인정하되, 그 안에서 최대한의 가치를 찾아내는 지혜가 필요하다.

평가의 계절은 언제나 낯설다

재일: 형은 평가가 기준 없이 내려졌다고 했죠?

준혁: 맞아. 말 그대로 '느낌'이었지. 그래서 더 억울한 순간도 있었어.

재일: 전 시스템이 있어서 덜 억울하긴 한데, 대신 더 냉정해요.

준혁: 평가가 냉정해지는 순간, 관계는 멀어지지 않아?

재일: 그래서 동료 피드백이 중요해요. 사람에 대한 설명이 숫자를 보완하거든요.

준혁: 결국 평가라는 건, 말보다도 타이밍과 맥락이 다 하더라.

평가시즌 체감표

항목	이준혁 - 스타트업	변재일 - 외국계 기업
평가 방식	비정기적, 구술 평가	비정기적, 구술 평가
기준	주관적 인상 중심	비공개
피드백	즉흥적, 감정적	객관적
준비 방법	말을 준비	성과 기록 정리
스트레스 요인	갑작스러움, 모호한 기준	모호한 기준

- 티키타카 인사이트

• 평가는 문화의 거울이다. 즉흥적인 문화는 말로, 체계적인 문화는 문서로 평가한다.

• 스타트업은 기준이 없어서 어렵고, 외국계는 포지션마다 평가 기준이 달라서 어렵다.

• 중요한 건 피드백을 통해 '내가 누구였는지'를 돌아보고, '누가 되고 싶은지'를 스스로 정리하는 것이다.

☞ "평가는 누군가의 판단이 아니라, 나를 구성하는 또 다른 기록이다."

직무는 그대로인데 일이 늘어난다?

이준혁

- 직무는 어디까지가 '내 일'인가

스타트업에서 직무(Job Description)라는 말은 참 아이러니했다.

분명 입사 당시 나는 기획 담당자였다. 하지만 입사 후 한 달이 지나지 않아 나는 고객센터 답변을 하고 있었고, 어느 날엔 마케팅 보고서를 수정하고 있었고, 심지어는 제품에 들어갈 문구까지 직접 쓰고 있었다.

누가 정식으로 부탁한 것도 아니었다. 메신저에서 누군가 "혹시 이것도 좀 봐주실 수 있나요?" 라고 하면 나는 자연스럽게 손을 들었다. 그리고 결국 그 일은, 내 일이 되었다.

- 일을 잘하면 일이 쌓이는 구조

문제는 이 구조가 반복되었다는 것이다.

한번 일을 맡으면, "그건 준혁 님이 제일 잘 아시잖아요." 라는 말과 함께 그 분야의 전담자가 되어 있었다.

그게 처음엔 뿌듯했다. "내가 도움이 되는 사람이구나." 싶었으니까. 하지만 시간이 지나자 이상한 일이 벌어졌다. 일의 범위는 넓어졌지만 역할의 정의는 흐려졌고 우선순위는 뒤엉켰고 메인 업무는 여전히 존재 했다 즉, 일은 늘었지만, 직무는 그대로였다.

- 넓어진 일, 좁아진 전문성

나중엔 스스로도 말하기 어려웠다. "준혁 님은 어떤 일 하세요?" 라는 질문에, 나는 "전반적으로 봐요.", "그냥 다 조금씩 해요."라는 대답밖에 할 수 없었다. 그 안에는 모든 게 들어 있었고, 동시에 아무것도 없었다. 이력서에도, 포트폴리오에도 넣기 애매한 일들이 내 하루 대부분을 차지 하고 있었다.

스타트업에서의 다재다능함은 광범위한 커버리지를 만들어 주지만, 깊이 있는 전문성은 오히려 지워지기도 한다. 결국, 직무의 확장 = 성장 이라는 공식은 항상 성립하지 않는다. 그건 방향과 맥락이 없을 때, 단순 한 과로가 되기도 한다.

- 직무 유동성과 무력감 사이

스타트업은 본질적으로 '정해진 일만 하는 곳'이 아니다.

늘 리소스가 부족하고, 인력이 한 명 빠지면 그 자리를 누군가가 메워 야 하며, 생각보다 많은 것들이 '누가 제일 먼저 반응하느냐.'에 따라 결정된다. 이 환경에서 자신의 직무만 고집하는 것은 어쩌면 회사의 성장 흐름과 어긋나는 태도일 수 있다. 하지만 그 말이 모든 걸 감당해야 한다는 말은 아니다.

스타트업에 온 사람들은 대부분 '전문성'을 갖고 온 사람들이다. 자신의 일에 자부심도 있고, 그걸 더 잘하고 싶다는 욕망도 분명하다.

그런데, 그 일을 중심에 두기도 전에 부가적인 일들로 하루가 끝나 버린다면, 어느 순간, 자기 정체성은 흐려지고, "나는 여기서 뭘 하고 있는 거지?"라는 무력감에 빠질 수밖에 없다.

- 경계를 긋는 연습

그래서 나는 어느 날부터 나의 역할을 정의하는 연습을 시작했다.

- 나는 어떤 일에 책임을 질 수 있는가?
- 내가 잘하고 싶은 건 무엇인가?
- 지금 이 요청이 나의 성장에 어떤 영향을 주는가?

이건 이기적인 선택이 아니라, 내가 오래 일하기 위한 생존 전략이었다. 모든 일을 다 하려다, 결국 아무 일도 온전히 하지 못하게 되는 순간을 막기 위해서였다.

스타트업에서 직무 경계가 무너지는 건 당연한 일이다. 우리는 늘 부족하고, 늘 무언가를 '때워야' 한다. 하지만 '모든 걸 해야 한다.'는 압박은, 종종 성장의 기회가 아니라 소진의 길로 이어진다.

나는 지금 "돕고 있는가", 아니면 "소모되고 있는가".

이 질문을 던져 볼 필요가 있다. 그리고 때로는 "이건 제가 도와드릴 수는 있지만, 지속적인 담당은 어려울 것 같아요." 라고 말할 수 있어야 한다. 그것이 스타트업이라는 빠른 환경에서 자신의 속도와 무게 중심을 지키는 방법이다.

"R&R 시스템의 이중성."

- 명확함이 주는 혜택과 함정: "내 일이 아니면 안 한다."의 진실

외국계 기업은 대부분 직무기술서에 따라 일이 체계적으로 운영된다. 이른바 'Role and Responsibility(R&R)' 시스템이다. 각자의 역할과 책임을 명확히 구분하여 업무의 경계를 분명히 하는 것. 누군가가 특정 업무에 대해 문의할 때, 그것이 자신의 담당 업무가 아니라면 주저 없이 해당 담당자에게 연결해 준다.

이런 방식은 표면적으로는 매우 효율적이고 합리적으로 보인다. 각자가 자신의 전문 영역에 집중할 수 있고, 업무의 중복이나 혼선을 방지할수 있다. 성과 평가도 명확해진다. 자신이 담당한 업무의 결과에 대해서만 책임지면 되기 때문이다.

하지만 이 시스템에는 숨겨진 복잡성이 있다. 겉으로는 "내 일이 아니면 안 한다."는 단순한 원칙처럼 보이지만, 실제로는 "그 일에 대한 책임을 질 수 있느냐, 없느냐."의 문제다. 책임이라는 것은 단순히 업무 수행을 넘어서서, 그 결과에 대한 의사결정권과 리스크 부담을 포함한다.

- R&R의 양면성

R&R 시스템은 분명한 장점들이 있다. 성과 측정이 명확하고, 전문성을 깊이 있게 발전시킬 수 있으며, 의사결정 과정이 빠르고 효율적이다.

개인적인 업무 관리도 상대적으로 쉬워진다.

하지만 한계도 분명하다. 업무 처리가 애매한 Grey Zone이 필연적으로 생긴다. 두 부서의 경계에 있는 업무나 새롭게 발생한 업무들에 대해서는 누가 담당해야 할지 명확하지 않은 경우가 많다. 각자가 자신의 영역만 신경 쓰다 보면 전체적인 팀워크나 협력이 약화될 수 있고, "내 일이 아니야."라는 말이 너무 쉽게 나올 수 있다.

기존의 역할 구분에 얽매이다 보면 새로운 아이디어나 혁신적인 접근법이 제약받을 수도 있다. 자신의 영역 밖의 업무를 경험할 기회가 제한되어 전체적인 비즈니스 이해도나 다양한 스킬 습득이 어려워지기도 한다.

1. "도와줄래?"라는 함정

흥미롭게도 R&R로 철저하게 구분될 것 같은 외국계 기업에서도 직무의 경계선이 흐려지는 순간들이 있다. 특히 Operation 직무에서 이런 현상이 자주 발생한다.

"도와줄래?"라는 한마디로 시작되는 이 과정은 생각보다 복잡한 메커니즘을 가지고 있다. 초기에는 매우 자연스러운 과정으로 보인다. 신입사원이 Operation 업무를 담당하고 있는데, 선임이 "물어볼 게 있다."며 접근한다. 모르는 것을 알려 달라고 하니 당연히 도와준다.

그런데 이것이 팀장에게 보고되고, "지금 팀원이 일이 많으니까 네가 도와달라."는 요청이 들어온다. 그 순간부터 그 일은 사실상 내 업무가 된다.

Operation 업무는 본질적으로 다른 부서들을 지원하고 연결하는 성격이 강하다. 따라서 업무의 경계가 상대적으로 유연할 수밖에 없다. 신입사원의 경우 아직 전문성이 확립되지 않았기 때문에, 다양한 업무를 경험시키려는 조직의 의도도 작용한다.

하지만 이런 과정에는 함정이 있다. 주니어 시절에는 다양한 도전이 분명히 좋은 경험이 된다. 새로운 것을 배우고, 여러 사람들과 관계를 맺고, 조직 전체에 대한 이해도를 높일 수 있다. 문제는 이런 일들이 하나씩 쌓이다 보면, 어느새 커버리지가 너무 넓어져서 "이것저것 다 하는 사람"이 되어 버릴 위험이 있다는 점이다.

2. 전문성 vs 다양성의 고민

이런 상황에서 가장 큰 걱정은 전문성의 희석이다. 너무 많은 영역을 건드리다 보면, 어느 것 하나 깊이 있게 할 수 없게 되는 것은 아닐까?

특히 경력 개발의 관점에서 보면, 전문성은 개인의 경쟁력을 좌우하는 핵심 요소다. 해당 분야에서의 깊은 전문 지식과 스킬을 확보할 수 있고, 명확한 경력 경로와 성장 방향을 가질 수 있다. 전문가로서의 인정과 높은 대우도 받을 수 있다.

하지만 현대의 빠르게 변화하는 비즈니스 환경에서는 다양한 경험과 적응력도 중요한 자산이 된다. 폭넓은 시야와 통합적 사고력, 변화에 대한 높은 적응력과 유연성, 다양한 부서 간 소통과 협력 능력을 갖출 수 있다.

이 딜레마는 특히 주니어 레벨에서 더욱 심각하다. 아직 자신의 강점이나 관심 분야가 명확하지 않은 상태에서, 조직의 필요에 따라 이런저런 업무를 맡게 되다 보면 방향성을 잃기 쉽다.

- 현실적 결론: 회사는 내 커리어를 책임질 수 없다

이런 고민에 대해 수많은 밤낮을 새워 생각해 본 결과, 결국 하나의 명확한 결론에 도달했다. "회사에서는 내 커리어를 책임질 수 없으며, 회사의 필요에 의해 일을 시킬 수밖에 없다."는 것이다.

회사는 기본적으로 비즈니스 목표를 달성하기 위한 조직이다. 개인의 커리어 개발도 중요하지만, 그것이 회사의 우선순위가 될 수는 없다. 특히 급변하는 비즈니스 환경에서는 조직의 생존과 성장이 최우선 과제가 되고, 개인의 커리어 계획은 그 다음 문제가 된다.

비즈니스 환경의 변화나 갑작스러운 프로젝트 발생 시, 조직은 즉시 대응할 수 있는 인력을 필요로 한다. 이때 개인의 커리어 계획을 일일이 고려하기는 어렵다. 한정된 인력으로 최대의 성과를 내기 위해서는 유연한 인력 배치가 필요하다.

하지만 이런 조직의 논리를 이해한다고 해서 개인이 무조건 수용해야 한다는 의미는 아니다. 오히려 이런 현실을 인정하고, 그 안에서 자신의 이익을 최대화할 수 있는 전략을 세우는 것이 중요하다.

1. AI 시대의 생존 전략

특히 AI가 인간의 일을 점진적으로 대체해 나가는 현재 상황에서는, 다양한 일에 두려움 없이 도전하고 빠르게 학습하며 적응하는 능력이 오히려 생존의 핵심 요소가 될 수 있다고 믿는다.

단순하고 반복적인 업무는 AI가 더 빠르고 정확하게 처리할 수 있게 되었다. 이런 업무에만 특화된 사람들은 위험에 노출된다. 반면 AI가 처리하기 어려운 복잡하고 맥락적인 판단을 요하는 업무의 가치가 상승한다.

이런 변화 속에서는 하나의 전문 영역에만 매몰되어 있는 것보다는, 다양한 영역을 경험하고 그것들 사이의 연결점을 찾아내며, 새로운 상황에 빠르게 적응할 수 있는 능력이 더욱 중요해진다.

2. 이야기로 만드는 경험의 가치

그렇다면 다양한 경험을 쌓되, 그것을 어떻게 의미 있는 커리어 자산으로 전환할 것인가? 여기서 중요한 것은 '이야기'를 만드는 능력이다.

현재 하고 있는 일들 중에서 나중에 면접을 보거나 다른 사람들에게 소개할 때 한 편의 흥미진진한 동화처럼 생생하게 들려줄 수 있는 이야기가 무엇인지 상상해 보는 것이다.

좋은 커리어 이야기는 단순한 업무 나열이 아니라, 완결성 있는 스토리텔링이어야 한다. 그 일을 왜 하게 되었는지, 무엇을 어떻게 해나갔는지, 결과가 무엇인지, 이를 통해 무엇을 배웠는지를 포함하는 완전한 이야기 구조를 갖춰야 한다.

특히 결과 부분에서는 최대한 수치화를 시도해야 한다. "3단계가 걸린 공정을 2단계로 줄였다.", "효율을 33% 향상시켰다.", "정확도를 99%까지 끌어올렸다." 같은 구체적인 숫자는 청자로 하여금 상황을 생생하게 상상할 수 있게 해 준다.

3. 포트폴리오 커리어의 시대

결국 현재의 상황을 종합해 보면, 전통적인 '한 우물 파기' 방식의 커리어보다는 '포트폴리오 커리어' 접근법이 더 적합할 수 있다. 이는 다양한 경험과 스킬을 의도적으로 쌓아가면서, 그것들을 유기적으로 연결해서 자신만의 독특한 경쟁력을 만들어 가는 전략이다.

무작정 이것저것 하는 것이 아니라, 장기적인 목표와 비전에 부합하는 다양한 경험을 의도적으로 설계하는 것이 중요하다. 서로 다른 경험들 사이의 공통점이나 시너지를 찾아내어, 그것을 자신만의 독특한 강점으로 만들어야 한다.

R&R 시스템의 명확함은 분명 장점이다. 하지만 그 안에서도 얼마든지 자신만의 길을 만들어 갈 수 있다. 중요한 것은 시스템에 끌려가는 것이 아니라, 시스템을 이해하고 활용하는 것이다.

직무는 정해져 있지 않다

재일: 형은 어떻게 기획하다가 마케팅하다가 고객 응대까지 하게 된 거
예요?

준혁: 처음엔 그냥 도와준 거였어. 그런데 그게 계속 내 일이 되더라.

재일: 저도 도와준 게 루틴이 됐어요. 나중엔 안 하면 눈치 보이고.

준혁: 그게 직무의 실체야. 종이엔 안 써 있어도, 문화로 굳어져 버리지.

재일: 결국 일의 범위는 '사람'에 따라 정해지는 거네요.

준혁: 그래서 더더욱, 어디까지가 나인지 계속 정의해야 해.

직무 변화 체감표

항목	이준혁 - 스타트업	변재일 - 외국계 기업
직무 정의	유동적, 문서 없음	고정적, 직무 기술서 기준
일의 분배 기준	가장 잘 아는 사람	현재 여유 있는 사람
일의 증가 이유	성장에 따른 자연 확장	도움을 요청받다 정착
감정 변화	혼란 → 적응 → 무기력	납득 → 피로감 → 거리감

- 티키타카 인사이트

• 직무는 회사의 정의가 아니라, 구성원의 행동과 감정에서 재정의

  된다.

• 경계가 없는 일이 주는 자유는 곧 혼란이기도 하다.

• 일을 줄이는 게 아니라, 나를 잃지 않는 기준을 세우는 것이 중요하다.

☞ "일이 늘어날수록, 나는 더 명확해져야 한다."

일상과 에너지

점심시간, 그 소중한 1시간

이준혁

- 점심시간이 아니라, 점심이라는 틈

스타트업에 오기 전, 나는 점심시간이 '정해진 권리'라고 생각했다.

기존 직장에서 정확히 12시부터 1시까지는 자리를 비워도 괜찮고, 함께 줄 서서 식당에 가거나, 근처 단골집에 들어가 자연스럽게 수다를 떠는 시간이 있다고 막연히 기대했다.

하지만 스타트업은 달랐다. 점심시간조차 정해진 게 없었다.

- "이거만 끝내고 먹자."
- "지금 나가면 줄 서니까 좀 이따가."
- "오후 회의 준비해야 하니까 그냥 도시락 시킬까?"

누구는 이미 혼자 먹고 있었고, 누구는 회의실에 갇혀 있었고, 누구는 메신저 알림을 무시하지 못한 채 밥을 놓쳤다. 함께 먹는 사람도, 먹는 장소도, 먹는 시간도 매일 달랐고, 가끔은 '점심시간'이라는 게 존재하지 않는 날도 있었다.

- 밥보다 더 소중한 것

그럼에도 나는 그 1시간을 기다렸다. 그 시간만큼은 '일'이라는 정체성을 잠깐 내려놓고, 그저 인간으로 존재할 수 있었기 때문이다.

누군가는 드라마 얘기를 꺼내고, 누군가는 전날의 퀘스트 실패담을 이야기하고, 누군가는 멍하니 햇빛을 받으며 조용히 커피를 마셨다. 그 짧은 틈에서, 우리는 다시 사람의 얼굴을 되찾았다. 표정이 생기고, 말끝에 농담이 묻고, 사무실에선 보기 힘든 웃음이 점심 테이블에 피어났다.

점심시간은 단순히 배를 채우는 시간이 아니라, 업무와 나 사이의 경계선이었다. 그 시간이 없으면, 나는 회사라는 파도에 끝없이 휩쓸렸을 것이다.

- 존재하지 않는 점심, 무너지는 에너지

물론 모든 날이 그런 것은 아니었다. 런칭 직전엔 도시락을 회의실에서 뜯었다. 긴급 이슈가 터진 날엔 자판기 커피로 점심을 대체했다. 그리고 종종, 아예 먹지 못한 날도 있었다.

하지만 그런 날은 몸보다 마음이 더 허전했다. 점심 한 끼의 유무는 그

날 내가 얼마나 사람답게 살았는가를 보여 주는 척도 같았다. 특히나 스타트업은 점심을 제공하지 않는 경우가 대부분이다.

그렇다면 회사는 적어도, '시간'이라도 제공해야 한다. 시간조차 내어주지 않으면서 창의성과 주도성을 바라는 건, 솔직히 모순이다. 누군가 이렇게 말했다.

"나는 점심을 먹지 않으면 내가 아니라, 그냥 기능이 되어 버리는 것 같아요."

그 말이 참 와닿았다. 우리는 점심을 먹는 게 아니라, 사람으로 숨 쉬기 위해 그 시간을 기다리는지도 모른다.

- 팀을 위해 '점심을 지키는 사람'이 필요하다.

나는 팀 리더가 된 이후로, 일도 일이지만 내 팀원들의 점심시간을 먼저 챙기는 습관을 들였다.

- "이거 점심 먹고 얘기하죠."
- "지금 메신저로 회의 잡으면 점심 못 먹어요."
- "오늘은 우리 그냥 바람 쐬면서 걸어요."

작은 말들이지만, 그 말이 주는 여유는 크다. 팀원들 사이에 묵묵히 흐르는 배려가 생기고, 일도, 대화도, 휴식도 공존할 수 있다는 믿음이 쌓인다. 스타트업은 늘 긴박하고, 늘 촉박하다. 하지만 그럴수록 '1시간의 평온'을 챙기는 사람이 필요하다. 그 사람은 팀의 퍼포먼스를 올리는 사람이고, 무너지지 않게 해 주는 사람이며, 사람을 사람답게 만들어 주는 사람이다.

- 점심시간은 나에게 이런 시간이었다

- 오늘 하루, 여기까지만 해도 괜찮다고 말해 주는 내면의 알람
- 업무가 아닌 이야기를 할 수 있게 해 주는 작은 회복의 창구
- 회사의 사람이 아니라, 그냥 나로 존재할 수 있게 해 주는 인간적인 틈새

점심시간은 그래서 단순한 식사 시간이 아니다. 그건 스타트업이라는 전장 속에서, 우리가 자신을 놓치지 않기 위한 최소한의 방어막이다.

"점심시간만 기다리면서 일해요!"

- 외국계 기업의 점심문화 탐구: 점심시간의 소중함

"점심시간만 기다리면서 일해요!" 예전에 회사에 입사했던 대학 동기가 했던 이 말은 단순한 농담이 아니다. 직장인들에게 점심시간이 얼마나 소중하고 중요한 시간인지를 단적으로 보여 주는 표현이다.

하루 종일 업무에 매몰되어 있던 정신을 잠시나마 해방시키고, 개인적인 시간을 확보할 수 있는 유일한 공식적인 휴식 시간이 바로 점심시간이기 때문이다.

외국계 기업의 점심 문화는 한국의 전통적인 직장 문화와는 상당히 다른 양상을 보인다. 무엇보다도 회사와 팀마다 그 특성이 천차만별이라는 점이 가장 큰 특징이다.

1. 신입 vs 적응 후의 변화

처음 입사했을 때와 시간이 지난 후의 패턴이 명확히 구분된다. 신입사원이나 새로운 팀원이 들어왔을 때는 팀장이나 기존 팀원들과 함께 회식을 하거나 외부 식당에서 점심을 함께 하는 경우가 많다. 이는 단순히 배를 채우는 시간이 아니라, 새로운 구성원을 팀에 자연스럽게 융화시키고 서로를 알아가는 중요한 소셜라이징의 시간이다.

하지만 이러한 초기 적응 기간이 지나고 나면, 점심 문화는 상당히 개인화되고 자율적인 방향으로 변화한다. 각자가 담당하는 업무의 성격과 일정이 다르기 때문에 점심시간이 겹치지 않는 경우가 빈번하며, 각자 개별적으로 식사를 해결하는 것이 일반적이다.

다른 부서에 친한 동료가 있다면 함께 식사를 하기도 하지만, 그렇지 않은 경우에는 혼자서 식사하는 것을 전혀 어색하거나 부담스러워하지 않는다.

2. 자기계발의 시간

외국계 기업에서 일하는 직장인들의 또 다른 특징은 점심시간을 매우 효율적으로 활용하려고 한다는 점이다. 단순히 식사만 하고 끝내는 것이 아니라, 이 시간을 개인의 성장과 발전을 위한 투자 시간으로 활용하는 경우가 많다.

가장 일반적인 패턴은 식사를 빠르게 마친 후 근처 카페에서 커피를 테이크아웃하면서 잠시 산책을 하거나 신선한 공기를 마시는 것이다. 더 적극적인 사람들은 이 시간을 헬스장에서의 운동으로 활용한다. 회사 근처에 있는 헬스장에서 30-40분 정도의 짧지만 집중적인 운동을 하고 돌아온다.

특히 인상적인 것은 점심시간을 영어 공부나 다른 자기계발 활동에 투자하는 직장인들이다. 근처 도서관이나 조용한 카페에서 영어 단어를 암기하거나, 온라인 강의를 듣거나, 업무 관련 서적을 읽는 모습을 종종 목격할 수 있었다.

대부분의 동료들이 현재 상황에 안주하지 않고 지속적인 자기 발전을 추구하는 성향을 가지고 있어서, 이런 모습들을 보면서 자연스럽게 자극을 받고 동기부여가 되는 환경이 조성된다.

- 첫 번째 회사: 자율성 중심의 문화

첫 번째 회사는 사실상 근태 관리를 하지 않는 회사였다. 출퇴근 시간에 대한 엄격한 규정이 없었고, 직원들의 자율적 판단을 존중하는 문화가 강했다. 이러한 전반적인 조직 문화는 점심시간에도 그대로 반영되어, 고정된 점심시간이라는 개념 자체가 존재하지 않았다.

개인의 업무 일정과 상황에 따라 점심시간을 자유롭게 조정할 수 있었고, 어떤 날은 11시 30분에 일찍 점심을 먹기도 하고, 다른 날은 오후 2시가 넘어서야 식사를 하는 경우도 있었다.

하지만 이러한 자율성에는 상응하는 책임이 따랐다. 근태 관리가 느슨한 대신, 개인의 업무 성과와 책임감에 대한 기대치는 매우 높았다. 실제로 업무가 바쁘거나 마감이 임박한 경우에는 제대로 된 식사 대신 편의점에서 김밥이나 샌드위치를 사서 책상에서 간단히 해결하는 직원들을 자주 볼 수 있었다.

- 두 번째 회사: 체계적인 시간 관리

두 번째 회사는 첫 번째 회사와는 상당히 대조적인 점심 문화를 가지고 있었다. 모든 직원들이 비교적 엄격하게 1시간 정도의 점심시간을 지키는 편이었다.

특히 흥미로운 점은 점심시간이 일반적인 12시가 아닌 12시 30분부터 1시 30분까지로 설정되어 있었다는 것이다. 주된 이유는 고객의 활동 패턴 때문이었다. 우리 회사의 주요 고객들이 12시부터 12시 30분까지 가장 활발하게 활동하는 시간대였기 때문에, 이 피크 타임을 피해서 점심시간을 설정한 것이었다.

또한 이러한 시간 설정은 예상치 못한 부수적 이점도 가져다주었다. 회사가 밀집된 지역 특성상 12시에는 모든 직장인들이 일제히 점심을 위해 몰려나와 식당마다 긴 줄이 형성되는데, 우리는 이 시간대를 피할 수 있었기 때문에 상대적으로 여유롭게 식당을 선택하고 식사를 할 수 있었다.

1. 부서별 차이와 현실적 제약

동일한 회사 내에서도 부서에 따라 점심시간의 여유로움에는 상당한 차이가 있었다. 특히 서비스 직군의 경우 가장 엄격한 시간 관리가 요구되었다. 점심시간 역시 정확히 1시간으로 제한되어 있어서, 맛있다고 소문난 식당에 가고 싶다면 다른 팀원이 미리 가서 줄을 서 주는 '점심 릴레이' 시스템까지 운영할 정도였다.

두 번째 회사에서는 규모가 작고 고객과의 직접적인 접촉이 많았기 때문에, 예상치 못한 긴급 상황이 자주 발생했다. 점심시간 중에도 휴대폰으로 급한 연락이 들어오는 경우가 있었고, 때로는 식사를 중단하고 급히 사무실로 돌아가야 하는 상황도 발생했다.

이런 경험을 통해 외국계 기업에서의 점심시간이 완전히 보장된 개인 시간은 아니라는 것을 깨달았다.

2. 다양한 점심 동반자들

외국계 기업에서 점심을 함께 하는 사람들의 구성도 상당히 흥미로 웠다. 부서를 초월한 친분 관계가 자연스럽게 형성되었고, 때로는 직 급이나 연차에 상관없이 개인적인 친분에 따라 점심 그룹이 구성되기 도 했다.

다국적 기업의 특성상 다양한 국적의 동료들과 함께 점심을 하는 기회 도 많았다. 이런 시간은 단순한 식사를 넘어서 문화 교류와 어학 연습의 기회가 되기도 했다.

3. 혼밥의 자연스러움

외국계 기업에서 특히 인상적이었던 것은 혼자 점심을 먹는 것에 대한 인식이었다. 한국의 전통적인 직장 문화에서는 혼밥이 다소 어색하거나 외로워 보일 수 있다는 인식이 있지만, 외국계에서는 이를 매우 자연스 럽고 개인의 선택으로 받아들였다.

많은 동료들이 의도적으로 혼자만의 점심시간을 선택했다. 이는 사회 적 관계를 기피하는 것이 아니라, 하루 종일 타인과의 상호작용으로 소 모된 에너지를 재충전하고 개인적인 시간을 확보하기 위한 선택이었다.

4. 다양성과 개성을 존중하는 문화

결론적으로 외국계 기업의 점심 문화는 정말로 다양하고 개인의 개성을 존중하려는 노력이 돋보였다. 획일화된 규칙이나 암묵적인 압박보다는, 각자의 상황과 선호에 따라 유연하게 점심시간을 활용할 수 있는 환경이 조성되어 있었다.

이러한 문화는 단순히 점심시간에 국한되는 것이 아니라, 조직 전체가 추구하는 다양성과 포용성의 가치를 반영하는 것이었다. 직원 개개인이 자신만의 방식으로 에너지를 충전하고 스트레스를 해소할 수 있도록 지원함으로써, 궁극적으로는 더 높은 업무 만족도와 생산성을 달성하려는 전략적 접근이었다고 생각한다.

"점심시간만 기다리면서 일한다."는 표현이 단순한 농담이 아니라 직장인의 현실을 반영하는 말이라면, 외국계 기업에서는 적어도 그 기다림이 보다 의미 있고 만족스러운 시간으로 보상받을 수 있다는 점에서 긍정적이었다.

점심, 단순한 식사 그 이상

재일: 형, 점심시간에 회의도 하셨다면서요?

준혁: 어, 밥 먹으며 회의하고, 회의하다 도시락 까고. 그게 일상이었지.

재일: 외국계 회사도 바쁜 부서는 워킹 런치를 하더라고요. 정말 팀마다

다른 거 같아요.

준혁: 난 점심시간에 사람들이 진짜 얘기하더라. 일 얘기도, 회사 뒷담도.

재일: 결국 그 시간엔 마음이 풀리니까요.

준혁: 맞아, 점심은 업무가 아닌 감정을 공유하는 시간이야.

점심시간 문화 비교표

항목	이준혁 - 스타트업	변재일 - 외국계 기업
점심 시작 시간	상황에 따라 유동적	고정(12:00~13:00)
점심 중 회의	종종 있음	절대 없음
점심 메뉴	외부 식당, 도시락 등 자유롭게 선택	사내 식당/외부 자유 선택

점심시간 분위기	회의 연장 또는 자연스러운 잡담 시간	조용하고 개인적인 시간
점심 이후 에너지	식곤증 속 다시 회의	명확한 리스타트로 업무 집중 가능

- 티키타카 인사이트

- 점심시간은 단순한 식사 시간이 아니라, 조직 문화의 축소판이다.
- 스타트업은 유동성과 소통의 장으로, 외국계는 휴식과 재충전의 시간으로 작동한다.
- 진짜 점심의 가치는 '누구와', '어떤 방식으로', '어떻게 숨 쉬는가?'에 달려 있다.

☞ "점심 1시간이 회사의 인격을 말해 준다."

야근과 워라밸

이준혁

- 시킨 사람은 없었다. 그런데 매일 야근했다

스타트업에서 나는 야근을 자주 했다.

하지만 단 한 번도, "야근하라."는 말을 들은 적은 없었다.

그러니까 이상했다. 누가 시킨 적도 없는데 왜 늘 야근을 하고 있었던 걸까?

회의는 보통 오후에 몰렸고, 정작 내가 몰두해야 할 본업은 대부분 퇴근 이후에야 시작됐다.

기획서 초안은 퇴근 후에야 조용히 집중할 수 있었고, 보고용 대시보드는 늘 야근이 끝나고야 손댈 수 있었다.

"이거만 끝내고 내일 공유하자."라는 말은 그날의 종료 신호가 아니라, 새로운 시작 버튼 같았다.

그 말이 나왔을 때, 이미 시계는 밤 9시를 향해 있었다.

스타트업의 야근은, 누군가의 강요가 아니라 불안의 산물이었다.

- '지금 나만 이걸 못하고 있는 거 아닐까?'
- '오늘 이걸 못 끝내면 내일 일정이 밀리지 않을까?'
- '지금 이 순간에도 누군가는 더 앞서나가고 있겠지.'

누군가 나에게 강요하진 않았지만, 모든 게 나의 책임처럼 느껴졌고, 그 책임은 언제나 퇴근 이후의 시간을 잡아먹었다.

- 자율이라는 이름의 무거운 시간

많은 스타트업은 이렇게 말한다. "우리는 자율과 유연함 그리고 워라밸을 지향합니다."

들으면 참 좋은 말이다. 그래서 나도 처음엔, 기대했다. 정시 출근이 강요되지 않는 분위기, 회의와 실행 사이의 빠른 순환, 그리고 성과 중심의 진짜 유연함. 거기와 일과 사적인 일의 분리에 의한 워라밸 보장.

하지만 현실은 조금 달랐다. 실제로는 '자율'이 아니라 '경계 없음'이었다.

출근은 자유지만 회의는 10시에 시작되고, 퇴근은 자유지만 공유는 밤 11시에 올라온다.

비상 상황이 아니더라도, "이거 퇴근 전에만 한 번 확인해 줘요."라는 메신저 한 줄이면 내 시간은 회사의 것이 되었다. 주말에도 피드백은 도착했고, 공휴일에도 이슈 브리핑 문서가 업데이트됐다.

자율은 선택이 아니라 책임이 되었고, 그 책임은 시간까지 삼켜 버렸다.

당연히 이와 맞물려 워라밸은 상상도 할 수 없는 것이 되어 버리고는 한다.

- '야근하는 사람 = 성실한 사람'이라는 이상한 공식

어떤 날엔 일찍 끝내고 집에 가려고 했다. 아무 문제 없이 업무를 끝냈고, 공유도 다 마쳤다.

그런데 이상하게도 주변의 시선이 신경 쓰였다.

- "벌써 가세요?"
- "오늘은 무슨 약속 있으신가 봐요~"
- "이거 금방 끝낼 건데 같이 보고 가실래요?"

그 말은 호의였지만, 동시에 묘한 평가의 기류였다. 그날 일찍 퇴근한 나는 '할 일 없는 사람'이 되었고, 늦게까지 남아 있던 동료는 팀에 더 애정 있는 사람처럼 보였다.

스타트업의 어떤 문화는, 야근을 하나의 충성도 지표처럼 바라봤다.

- "걔는 진짜 열심히 해." → 늦게까지 남아 있으니까

- "요즘 존재감이 좀 없지 않아요?" → 정시에 퇴근하니까
- "요즘 그 친구 진짜 괜찮더라." → 자꾸 밤까지 공유해 오니까

이상했다. 일의 성과보다, 일의 시간에 따라 평가가 바뀌는 이 분위기. 정시에 퇴근하면 일 못하는 사람 같고, 늦게까지 남아 있으면 고과에 플러스가 붙는 분위기. 그건 자율이 아니었다. 그건 그냥, 암묵적 강요였다.

- 워라밸이라는 말은 왜 이리 허망할까?

워라밸(Work-Life Balance), 이 단어는 이제 회사 소개 페이지의 필수 문장이다.

모든 회사가 워라밸을 외친다. 특히 스타트업일수록, 이 단어는 유행어처럼 붙는다.

하지만 실제 현장에선 너무 자주 깨진다. 점심시간은 회의로 대체되고, 퇴근 후에도 메신저은 조용하지 않고,

휴가 중에도 피드백 요청은 날아오고, "잠깐 확인만 해 줘요."는 묵직한 의무가 되어 돌아온다.

일과 삶의 경계는 갈수록 모호해졌고, 그 모호함은 '자율'이라는 이름으로 포장됐다. 결국 워라밸은 지켜지는 게 아니라, 싸워서 지켜야 하는 것이 됐다.

- 밀도 있게 일하라는 말, 그 말 뒤에 숨겨진 진실

- "밀도 있게 일하자."
- "우린 24시간을 48시간처럼 써야 해."
- "짧은 시간 안에 결과를 내는 게 우리가 사는 법이다."

말은 맞다. 한정된 자원, 작은 팀, 빠른 실험. 이 모든 걸 감안하면 몰입이 생존인 건 사실이다. 하지만 이 말은 어느 순간 야근을 정당화하고, 휴식을 죄책감으로 바꾸는 도구가 되기도 했다. 야근은 필요할 수 있다. 하지만 그것이 기본값이 되어선 안 된다. 나는 스스로에게 물어보곤 했다. 이게 정말 '몰입'인가, 아니면 그냥 '무한 대기 모드'인가?

- 리더가 만들어야 할 '일의 종료선'

몇 달 후, 나는 팀 리더가 됐다. 그때부터는 내가 야근을 시키진 않지만, 야근을 하게 만드는 분위기를 만들 수 있다는 걸 깨달았다.

그래서 일부러 퇴근 전에 말하기 시작했다.

- "이건 내일 오전에 봐요."
- "메신저은 퇴근 후엔 무시해도 돼요."
- "늦게까지 일 안 해도 돼요. 지금도 충분해요."

그 말 한 줄이 누군가에겐 퇴근을 허락하는 신호가 된다. 자율을 강조

할수록, 일의 종료선을 명확히 말해 주는 사람이 필요하다. 그래야 책임도, 성과도, 회복도 가능해진다.

- 스타트업은 왜 이렇게까지 일하고 있을까?

돌아보면, 야근을 하던 날은 나도, 팀도 효율적이지 않았다. 지친 상태에서 한 기획은 다음날 다시 손봐야 했고, 늦은 회의는 말보다 침묵이 길었고, 야근이 일상이 된 사람에겐 성장이 아닌 무기력이 쌓여 갔다.

'내가 안 하면 안 될 것 같아서' 그 불안이 만든 야근은 결국, 성과보다 탈진을 더 많이 남겼다.

변재일

"외국계 기업의 진정한 워라벨."

- 시간이 아닌 자율성과 책임의 균형: 워라벨에 대한 오해

"워라벨"이라는 단어가 한국 직장 문화에 정착한 지 이제 몇 년이 흘렀다. 하지만 많은 사람들이 워라벨을 단순히 "일찍 퇴근하기"나 "야근 안하기"로 이해하는 경우가 많다.

외국계 기업에서 실제로 경험한 워라벨은 이런 표면적 이해와는 상당히 달랐다. 진짜 워라벨은 시간의 절대적 양보다는 개인의 자율성과 그에 따른 책임감의 균형에 더 중점을 두고 있었다.

1. 성과 중심의 자율성

외국계 기업이 워라벨을 중시한다는 건 분명한 사실이다. 하지만 그 접근 방식이 한국 전통 기업들과는 근본적으로 다르다.

한국 기업에서는 "몇 시에 퇴근하느냐."가 워라벨의 핵심 지표로 여겨진다. 반면 외국계 기업에서는 "내가 지금 해야 할 업무가 있는지"가 훨씬 더 중요한 판단 기준이 된다.

이런 차이는 근무에 대한 철학적 접근법에서 비롯된다. 외국계 기업에서는 직원을 시간을 판매하는 존재가 아니라, 특정한 결과와 성과를 창출하는 전문가로 바라본다. 따라서 그 성과를 달성하는 과정에서의 시간 배분과 방법론은 상당 부분 개인의 자율적 판단에 맡겨진다.

더 큰 자유를 의미하는 동시에, 더 큰 책임감을 요구하는 시스템이다.

2. 글로벌 협업의 현실

이전 회사에서 목격한 한 부서의 사례가 이런 자율성 기반 근무 문화를 극명하게 보여 준다.

외국과 협업을 담당하는 그 부서 직원들은 오전 10시에 출근해서 오후 4-5시면 "영업하러 간다."며 집에 가는 경우가 많았다.

하지만 우리는 그들의 근무 방식에 대해 전혀 문제를 제기하지 않았다. 왜냐하면 그들이 보이지 않는 곳에서, 보이지 않는 시간에 얼마나 열심히 일하고 있는지를 알고 있었기 때문이다.

시간대 차이로 인해 그들은 새벽 6시 같은 매우 이른 시간에 국제 회의 콜에 참여해야 하는 경우가 빈번했고, 때로는 새벽 1-2시까지 늦은 시간에 긴급한 업무 협의를 진행해야 하는 상황도 있었다.

진짜 워라밸이란 단순히 "정시 출퇴근"을 의미하는 게 아니라는 걸 깨달았다. 오히려 업무의 성격과 필요에 따라 유연하게 시간을 조정할 수 있는 자유로움, 그리고 그 자유로움을 책임감 있게 활용하는 성숙함이 더 중요한 요소였다.

3. 포괄임금제와 개인적 시간 투자

현재 회사 역시 개인의 시간을 최대한 존중해 주는 분위기를 유지하고 있다. 다만 업종 특성상 완전히 자유로운 시간 운영은 어려워서, 일정 시간까지는 포괄임금제를 적용하고 있다.

포괄임금제 시간을 초과해서야 비로소 야근으로 인정되고 추가 수당이 지급되는 시스템인데, 팀장님도 "야근을 할 거면 미리 신고하라."고 할 정도로 불필요한 연장근무를 지양하는 분위기다.

덕분에 개인적으로는 야근을 많이 하지 않는 편이 되었고, 대신 업무 효율성을 높이는 데 더 많은 신경을 쓰게 되었다.

하지만 공식적인 업무 시간이 끝난 후에도 30분에서 1시간 정도는 추가로 시간을 투자하는 편이다. 이는 회사에서 요구하는 것도 아니고, 야근 수당을 받기 위한 것도 아니다. 순전히 개인적인 선택으로, 나 자신을 위한 투자라고 생각하고 하는 일이다.

오늘 처리한 업무들을 정리하고 내일의 우선순위를 명확히 하거나, 업무와 관련된 새로운 기술이나 정보를 학습하거나, 프로젝트의 전체적인 흐름을 다시 한번 점검하는 시간으로 활용한다. 표면적으로는 "일하는 시간"처럼 보이지만, 실질적으로는 내 전문성과 경쟁력을 높이는 자기계발의 시간이다.

- 워라밸의 진화: 분리에서 통합으로

워라밸이라는 개념 자체도 시간이 지나면서 상당히 진화해 왔다고 생각한다.

초기에는 "회사에서는 일하고, 집에서는 놀아야 한다."는 식의 이분법적 사고가 강했다. 일과 삶을 완전히 분리된 영역으로 보고, 각각의 영역에서 서로 다른 역할과 정체성을 가져야 한다는 접근법이었다.

하지만 현재는 이런 이분법적 접근보다는 더 통합적이고 전인적인 관점으로 변화하고 있는 것 같다. 워라밸의 핵심은 더 이상 일과 삶을 엄격하게 구분하는 게 아니라, 많은 일과 책임 사이에서도 "나"라는 사람을 지킬 수 있는 여유와 공간을 확보하는 것이다.

일도 행복하게 하고, 삶도 즐겁게 살 수 있는 방향으로 전체적인 라이프스타일을 설계하는 게 새로운 워라밸의 지향점이다.

1. 미래를 위한 일상의 투자

나 역시 이런 새로운 워라밸 개념에 따라 일상을 설계하려고 노력하고 있다. 퇴근 후 시간을 단순히 휴식이나 오락을 위한 시간으로만 활용하는 게 아니라, 장기적인 관점에서 나 자신을 발전시키기 위한 투자의 시간으로 활용하고 있다.

가장 기본적이면서도 중요한 것은 건강 관리다. "생존을 위해" 헬스장에 가서 운동을 한다는 표현을 쓰는 이유는, 이게 단순한 취미나 여가 활동이 아니라 장기적인 삶의 질과 직결되는 필수적인 투자라고 생각하기 때문이다.

현대 직장인의 앉아서 일하는 업무 환경에서 의도적인 신체 활동 없이는 건강을 유지하기 어렵다. 따라서 운동은 현재의 컨디션 관리는 물론, 10년, 20년 후의 나를 위한 가장 확실한 투자 중 하나다.

또한 미래에 필요할 것으로 예상되는 다양한 스킬들을 익히는 데도 시간을 투자하고 있다. 중요한 것은 이런 학습과 성장이 강요된 게 아니라 스스로 선택한 즐거운 과정이라는 점이다.

2. 글쓰기를 통한 성장

특히 의미 있다고 생각하는 활동 중 하나는 매일 글을 쓰는 것이다. 이는 "나만의 자취를 만들기 위한" 시도로서, 하루하루의 경험과 생각들을 기록하고 정리하는 과정이다.

글쓰기는 단순한 기록을 넘어서서 자기 성찰과 사고 정리의 도구 역할을 한다. 업무에서 겪은 경험들, 동료들과의 상호작용에서 얻은 인사이트, 개인적인 고민과 깨달음들을 글로 정리하는 과정에서 막연했던 생각들이 명확해지고, 단편적이었던 경험들이 하나의 일관된 학습으로 연결되는 것을 느낄 수 있다.

글쓰기 자체가 커뮤니케이션 스킬을 향상시키는 효과도 있어서, 업무에서도 더 명확하고 논리적으로 의사를 전달할 수 있게 되었다.

3. 보이지 않는 노력의 가치

사실 지금 하고 있는 이런 노력들은 당장 눈에 띄는 성과나 변화를 가져다주지는 않는다. 운동을 한다고 해서 내일 당장 몸이 확연히 달라지는 것도 아니고, 글을 쓴다고 해서 즉시 문장력이 향상되는 것도 아니다.

하지만 이런 일상의 작은 투자들이 축적되어 만들어내는 장기적인 변화의 힘을 믿는다. 1년 후, 5년 후, 10년 후의 내가 지금의 이런 노력들에 대해 분명히 고마워할 것이라는 확신이 있다.

특히 외국계 기업에서 일하면서 느끼는 것은, 개인의 전문성과 역량이 얼마나 중요한지다. 회사가 제공하는 안정성이나 보장보다는, 내가 가진 스킬과 경험이 진짜 경쟁력이 되는 환경이다. 따라서 지금의 이런 자기계발 노력들은 단순한 개인적 만족을 위한 게 아니라, 미래의 경쟁력을 위한 전략적 투자라고 할 수 있다.

4. 주체적 삶의 설계

결국 외국계 기업에서 경험한 진정한 워라벨은 시간의 양적 관리가 아니라 삶의 질적 설계에 관한 것이었다.

정해진 시간에 출근해서 정해진 시간에 퇴근하는 것보다는, 내가 원하는 삶의 모습을 명확히 하고 그것을 실현하기 위해 주체적으로 시간과 에너지를 배분하는 게 더 중요했다.

이는 더 큰 자유를 의미하는 동시에 더 큰 책임을 요구한다. 누군가가 정해준 스케줄을 따라가는 게 아니라, 스스로 우선순위를 정하고 목표를 설정하며 그것을 달성하기 위한 구체적인 행동을 해야 한다.

하지만 이런 주체성이야말로 진정한 직업적 만족과 개인적 성장을 가능하게 하는 핵심 요소라고 생각한다.

외국계 기업의 워라벨 문화는 단순히 "일하지 않을 권리"를 보장하는 게 아니라, "의미 있게 일할 권리"와 "주체적으로 살 권리"를 동시에 보장하는 것이었다. 그리고 그런 권리를 제대로 활용하기 위해서는 끊임없는 자기계발과 성찰이 필요하다는 걸 깨달았다.

지금 하고 있는 작은 노력들이 미래에 어떤 결과를 가져다줄지는 확실하지 않지만, 적어도 그 과정 자체가 현재의 삶을 더 의미 있고 충실하게 만들어 주고 있다는 건 분명하다.

야근의 기준은?

재일: 형은 야근 자주 했어요?

준혁: 응. 거의 매일 했지. 근데 아무도 시킨 건 아니야.

재일: 외국계는 오히려 상사가 먼저 '늦게까지 있지 마.'라고 해요.

준혁: 부럽다. 우리는 '아직 있어요?'라는 말이 '좋아요.'로 들리거든.

재일: 워라밸이 문화가 아니라 책임의 방식인 것 같아요.

준혁: 맞아. 어디서 일하든, 결국 내가 지켜야 할 선을 스스로 정해야 해.

워라밸 문화 비교표

항목	이준혁 - 스타트업	변재일 - 외국계 기업
야근 발생 원인	내가 안 하면 안 될 것 같아서	업무의 과중으로 인해 주로 발생
야근의 빈도	상시 발생, 습관화됨	고위직으로 갈수록 많아지며, 보상휴가가 있음
조직의 태도	무언의 권장	불필요한 야근 지양
개인의 인식	불안감으로 인한 자발적 야근	개인의 시간은 지켜야 할 권리

- 티키타카 인사이트

• 야근은 일이 많아서가 아니라, 기준이 없어서 생긴다.

• 스타트업은 '자발적 야근'이라는 이름 아래 방치되기 쉽다.

• 외국계는 '일과 삶'의 경계를 명확히 그어 준다.

☞ "워라밸은 복지가 아니라, 기준의 문제다."

번아웃은 나도 몰랐던 나의 한계

이준혁

- 나는 멀쩡했는데, 하루가 무너졌다

어느 날 아침이었다. 눈도 잘 떴고, 몸도 괜찮았다. 습관처럼 옷을 입고, 양치를 하고, 회사에 갈 준비를 마쳤다. 그런데 지하철 앞에서 발이 떨어지지 않았다. 그 자리에 한참을 서 있었다. 마치, 문턱 앞에서 멈춘 기계처럼.

억지로 몸을 실어 사무실에 도착했지만, 모니터를 켜는 순간 알았다. 오늘은 아무 일도 할 수 없다는 걸.

회의는 배경음처럼 흘러갔고, 메일은 무슨 암호처럼 보였다. 한 문장도 머릿속에 들어오지 않았다. 내가 지금 어디 있는지도, 무슨 일을 맡았는지도 모든 게 흐릿했다.

'무슨 문제가 있지?'

머릿속에서 계속 질문했지만 이상하게도, 아무런 문제가 없다는 게 가장 무서웠다.

- 일이 싫은 것도 아니었고
- 팀과 싸운 것도 아니었고
- 뭔가 결정적으로 힘든 일도 없었다.

그저, 나 자신이 텅 빈 사람처럼 느껴졌다.

- 번아웃은 그렇게, 조용히 시작된다

그건 바로 '번아웃'이었다. 아무 일도 일어나지 않은 것 같은데, 모든 것이 무너진 상태.

스타트업에서의 번아웃은 그렇게 온다. 성과에 쫓기고, 변화에 휘둘리고, 혼자서도 충분히 해야 한다는 무언의 압박 속에서 서서히 깎이고, 천천히 사라지며, 결국 나도 모르게 무너진다.

문제는, 이 무너짐이 너무 흔하다는 것이다. 너무 자주 겪다 보니, 아무도 말하지 않는다.

"다 그래.", "나도 요즘 그래." 그 말은 위로가 아니라, 더 이상 말하지 말라는 침묵의 신호처럼 느껴졌다.

- 빠름과 자율이라는 말 뒤에 숨어 있는 무게

스타트업은 '빠르고 유연한 조직'이라고들 말한다. 하지만 그 말은 어쩌면 이렇게 들릴 수도 있다. "우리는 당신이 감당할 수 있는 한도까지 시킬 겁니다. 그리고 그 기준은 당신이 스스로 정하세요." 나는 PO였다. 하지만 어느 날 보니, 고객 응대도 하고 있었고 영업도 뛰었고, 마케팅 카피도 수정했고, 채용도 도왔고, 팀의 사기까지 책임지고 있었다.

"그건 제가 해야 하나요?"라고 물을 수도 없었다. 물어보는 순간, '그럼 누가 할 건데요?'라는 말이 돌아올 것을 알았기 때문이다. 회의에선 회사처럼 말해야 했고, 성과는 숫자로 증명해야 했고, 문제가 생기면 가장 먼저 연락을 받았다. 책임은 명확하지 않았지만, 기대는 매우 명확했다.

그리고 그 기대를 배신하고 싶지 않아 더 노력했고, 더 달렸고, 더 버텼다. 결국 그 끝엔 '탈진'이 기다리고 있었다.

- 번아웃은 스타트업의 감기와 같다, 단 쉽게 낫지 않는…

누군가는 스타트업을 "달리는 기차 위에서 바퀴를 갈아끼우는 일"이라고 했다. 정확한 표현이다. 우리는 '멈출 수 없는 상태'에서 계속해서 고치고, 바꾸고, 추진했다. 런칭 일은 밀릴 수 없었고, 기능은 매주 배포돼야 했고, 버그가 생기면 퇴근 시간과 상관없이 대응해야 했다.

잠깐의 여유나 지하철 한 정거장 먼저 내리는 방식으로는 번아웃을 완전히 회복할 수 없었다. 왜냐하면, 다시 출근하면 모든 게 제자리로 돌아가기 때문이다. 어제의 속도, 어제의 기대치, 어제의 압박이 그대로 남아 있다. 회복은커녕, 그 순간에도 계속 손해를 보고 있는 기분이 든다.

문제는 이 무한 반복 속에서, 아무도 리소스를 보완해 주지 않는다는 것이다.

리소스가 부족하다고 말하면 "우리도 사람 뽑고 싶지만, 지금은 여력이 없어."라는 대답이 돌아온다. 심지어 팀원이 퇴사했을 때조차도 "이 업무는 일단 당신이 조금만 더 맡아 줘요."라는 말이 따라온다.

그래서 번아웃은 감기처럼 흔하게 찾아오지만, 약도, 병가도, 완치도 없는 병이 된다. 걸리는 건 쉬운데, 낫는 건 너무 어렵다.

- 일잘러는 스스로를 지치게 만드는 사람일 수도 있다

번아웃이 오는 순간, 나는 나 자신이 너무 실망스러웠다.

"나는 왜 이걸 못 견디지?" "나는 왜 다른 사람들처럼 끝까지 못 버티지?"

하지만 나중에야 알았다. 번아웃은 무능해서 오는 게 아니라, 오히려 너무 잘하려고 하다 생기는 감정이라는 걸.

- 성과를 내고 싶어서
- 팀에 민폐가 되고 싶지 않아서
- 이 직무에 어울리는 사람이 되고 싶어서

그 모든 마음이 '과잉된 책임'이 되었고 그게 결국 나를 소진시켰다. 일잘러는 가장 먼저 지치는 사람이기도 하다. 왜냐하면 모든 일을 자기 일처럼 받아들이기 때문이다. 그리고 그 사람은 시스템이 아니라 '사람'이기 때문에, 결국 고장이 난다.

- 무너짐을 받아들일 때, 진짜 회복이 시작된다

나는 이제 안다. 번아웃은 나의 무능이 아니라, 나의 리미터였다. 그리고 그것을 깨닫는 데 너무 오랜 시간이 걸렸다. 회사에 말하지도 못했고, 동료들에게 털어놓을 수도 없었다. 그냥 조금씩 말수가 줄고, 속도가 느려지고, 표정이 사라졌다.

무너짐을 감추지 말고, 받아들이는 데서 회복은 시작된다.

- 숨이 차면 잠깐 멈추는 것
- 내가 감당할 수 없는 요청엔 "어려워요."라고 말하는 것
- 그리고 아무 일도 하지 않는 시간에 죄책감을 느끼지 않는 것

그게 나를 다시 인간으로 만드는 일이다. 그래야 내 일도, 팀도, 제품도 지속가능해진다.

변재일

"번아웃과 감정의 딜레마: 주니어가 찾은 생존법."

- 번아웃이라는 단어의 무게

"번아웃이 왔다." 요즘 직장에서 자주 듣는 말이다. 조금만 피곤하거나 스트레스를 받아도 쉽게 이 단어를 쓴다. 하지만 정말로 이렇게 가볍게 사용해도 되는 걸까?

의사들은 36시간 연속 수술을 하고, 스타트업 창업자들은 몇 달 동안 하루 4-5시간만 자면서 일한다. 건설 현장의 노동자들은 뜨거운 여름에도 추운 겨울에도 몸을 혹사시키며 일한다. 이런 현실을 생각하면 과연 내가 겪는 피로나 스트레스를 '번아웃'이라고 부를 자격이 있는지 의문이 든다.

물론 고통을 상대적으로 비교하는 게 항상 옳은 건 아니다. 각자의 상황과 역량, 스트레스 내성은 다르다. 하지만 그럼에도 자신의 상황을 객관적으로 바라보고, 과장되거나 과도한 표현을 사용하지 않으려는 신중함은 필요하다고 생각한다.

번아웃이라는 용어를 너무 쉽게 쓰는 건 정말로 심각한 번아웃을 겪는 사람들의 고통을 가볍게 만들 수도 있고, 자신의 상황을 필요 이상으로 비관적으로 인식하게 만들 수도 있다.

- 직장에서의 나는 진짜 나가 아니다

개인적으로 회사에서 업무하는 나의 모습이 나의 100%라고 생각하지 않는다. 이건 매우 중요한 관점이라고 생각한다.

많은 사람들이 직장에서의 성과나 평가를 자신의 전체적인 가치와 동일시하는 경향이 있다. 이건 상당히 위험한 사고방식이다. 회사에서 일이 잘 안 풀리거나 실수를 했을 때, 그건 '직장인으로서의 내'가 그 순간 부족했던 거지, '변재일'이라는 사람 자체가 못하거나 가치가 없다는 의미는 아니다.

우리는 하루 중 상당한 시간을 직장에서 보내기 때문에 자연스럽게 직장에서의 역할과 자신을 동일시하게 된다. 하지만 인간은 다면적인 존재다. 직장에서는 프로젝트 매니저일 수도 있지만, 집에서는 따뜻한 가족 구성원이고, 친구들과 함께할 때는 유머러스한 사람이며, 혼자 있을 때는 깊이 사색하는 철학자일 수도 있다.

이런 다양한 면들 중 어느 하나도 '가짜'가 아니고, 모두가 진정한 자신의 일부다. 직장에서의 모습도 분명히 자신의 한 면이지만, 그게 전부는 아니다. 이런 관점을 가지고 있으면 직장에서의 스트레스나 실패가 전체적인 자존감에 미치는 영향을 상당히 줄일 수 있다.

- '왜 이러고 있지…'라는 순간들

그럼에도 직장 생활을 하다 보면 종종 회의감이 드는 순간들이 있다. '왜 이러고 있지…'라는 생각이 드는 그 순간들은 대부분 업무의 의미를 찾을 수 없을 때 발생한다.

지시받은 일을 하고 있는데, "이게 과연 내가 맞게 하고 있는 걸까? 이게 무슨 의미가 있을까?"라는 의문이 들면, 갑자기 모든 동기가 사라지고 아무것도 하기 싫어진다.

이런 감정은 사실 매우 자연스럽고 건강한 반응이다. 인간은 본능적으로 의미를 추구하는 존재이기 때문에, 자신이 하는 일의 목적이나 가치를 이해하지 못하면 동기를 잃게 된다.

직장에서 겪는 의미 위기는 여러 형태로 나타날 수 있다. 업무의 목적이 불분명할 때, 개인 가치와 충돌할 때, 성장 기회가 없다고 느낄 때, 결과에 대한 피드백이 없을 때 등이다.

중요한 건 이런 감정을 느끼는 것 자체가 문제가 아니라는 점이다. 오히려 이런 감정은 자신이 단순한 업무 수행자가 아니라, 생각하고 판단하는 주체적인 인간이라는 증거다.

- 루틴의 힘: 감정을 넘어서는 안정감

이런 회의감이나 무력감이 들 때일수록, 개인적으로는 루틴을 더욱 철저히 지키려고 노력한다. 이건 단순한 의지력이나 성실함의 문제가 아니라, 감정의 변화에 흔들리지 않는 안정적인 기반을 만들기 위한 전략적 선택이다.

감정은 본질적으로 변화무쌍하다. 오늘 기분이 좋다가도 내일은 우울할 수 있고, 아침에는 의욕이 넘쳤다가도 저녁에는 무기력해질 수 있다. 만약 모든 행동을 감정에 따라 결정한다면, 일관성 있는 삶을 살기 어렵다.

루틴은 이런 감정의 변화를 넘어서는 안정적인 구조를 제공한다. 기분이 좋든 나쁘든, 의욕이 있든 없든, 일정한 패턴의 행동을 유지함으로써 최소한의 생활 리듬을 보장할 수 있다.

"나는 내가 정한 약속을 지키는 사람이다."라는 자기 인식은 생각보다 훨씬 중요하다. 작은 루틴이라도 꾸준히 지켜 나가면, 자신에 대한 통제감과 신뢰감이 쌓인다. 이는 외부 상황이 불안정하거나 예측할 수 없을 때 더욱 중요한 심리적 자원이 된다.

- 성실함에 대한 솔직한 고백

개인적으로 나는 내가 그렇게 성실하다고 생각하지 않는다. 의외라고 생각할 수도 있지만, 이건 매우 중요한 자기 인식이다. 현재의 모습이 타고난 성실함이나 의지력 때문이 아니라, 욕망과 감정을 잘 통제한 결과라고 생각하기 때문이다. 이런 관점은 여러 면에서 유용하다.

첫째, 자만에 빠지지 않게 해 준다. 만약 현재의 좋은 습관들이 단순히 '나는 원래 성실한 사람이야.'라는 생각에서 비롯된다면, 그 습관들은 상당히 불안정할 것이다.

둘째, 지속적인 개선의 여지를 남겨 둔다. '나는 성실하다.'고 생각하면 현재 상태에 만족하기 쉽지만, '나는 욕망과 감정을 통제하고 있다.'고 생각하면 그 통제 시스템을 계속 발전시킬 동기를 갖게 된다.

셋째, 다른 사람들에 대한 이해와 공감이 깊어진다. 좋은 습관을 만들고 유지하는 게 얼마나 어려운 일인지 알기 때문에, 그렇지 못한 사람들을 쉽게 판단하지 않게 된다.

- 역설적 전략: 지칠 때 에너지 넣기

일반적으로 사람들은 지치고 피곤할 때 휴식을 취하려고 한다. 물론 충분한 휴식은 필요하다. 하지만 때로는 역설적인 접근이 더 효과적일 수 있다. 지칠수록 오히려 운동을 하러 가서 몸에 에너지를 넣어 주는 것이다.

이런 접근법이 효과적인 이유는 여러 가지다. 신체적 피로와 정신적 피로는 다른 종류의 피로이기 때문이다. 하루 종일 책상에 앉아서 정신적인 업무를 한 후에 느끼는 피로는, 실제로는 몸이 아니라 뇌가 피곤한 상태일 수 있다. 이때 적절한 신체 활동은 오히려 뇌의 피로를 덜어주고 전체적인 에너지 수준을 높여 줄 수 있다.

운동은 엔돌핀과 같은 기분 좋게 하는 호르몬의 분비를 촉진한다. 따라서 운동 후에는 신체적으로뿐만 아니라 정신적으로도 더 좋은 상태가 된다. 특히 스트레스나 우울감으로 인한 정신적 피로에는 운동이 매우 효과적인 해결책이 될 수 있다.

운동은 성취감도 제공한다. 하루 종일 일이 뜻대로 되지 않아서 좌절감을 느꼈더라도, 계획했던 운동을 완수하면 "오늘도 뭔가는 해냈다."는 만족감을 얻을 수 있다.

1. 불안을 종이 위에 펼쳐내기

불안함이 들 때 나는 종이를 한 장 꺼내서 내가 왜 불안한지에 대해 적으면서 그 원인을 끝까지 파헤치려고 노력한다. 이건 단순한 일기 쓰기나 감정 토로를 넘어서는, 체계적인 자기 분석 과정이다.

불안은 대부분 막연함에서 비롯된다. "뭔가 잘못될 것 같다.", "내가 실패할 것 같다.", "상황이 나빠질 것 같다." 같은 추상적인 두려움은 구체적인 대응을 어렵게 만든다. 하지만 그 불안의 정확한 원인과 구조를 파악하면, 대응 방안도 명확해진다.

먼저 현재 느끼고 있는 감정을 정확히 파악하고 기록한다. "불안하다."는 것만으로는 부족하다. "어떤 종류의 불안인가?", "언제부터 이런 감정을 느꼈는가?" 같은 구체적인 질문을 통해 감정을 세분화한다.

그 다음 "왜 불안한가?"라는 질문에서 시작해서 계속 "왜?"를 반복한다. 예를 들어 "프레젠테이션 때문에." → "실수할까 봐." → "동료들에게 무능해 보일까 봐." → "평가가 나빠져서 승진에 영향을 줄까 봐." → "경제적 안정성이 위협받을까 봐." 이런 식으로 파고들면 표면적으로는 프레젠테이션에 대한 불안이었지만, 실제로는 경제적 안정성에 대한 근본적인 두려움이었다는 걸 알 수 있다.

불안한 감정을 글로 쓰는 과정에서 일어나는 가장 중요한 변화는 '객관화'다. 머릿속에서만 맴도는 생각들은 주관적이고 감정적인 색채가 강하지만, 종이 위에 적힌 글은 상대적으로 객관적이고 논리적으로 보인다.

2. 도움을 받기 위한 전제조건

"내 감정을 남에게 설명할 수 없으면 도움을 받을 수 없다."는 생각은 매우 중요한 인사이트다. 많은 사람들이 어려운 상황에 처했을 때 다른 사람의 도움을 구하고 싶어 하지만, 정작 자신의 상황이나 감정을 명확하게 설명하지 못해서 효과적인 도움을 받지 못하는 경우가 많다.

"나는 지금 힘들어.", "무엇을 해야 할지 모르겠어." 같은 추상적인 표현으로는 상대방이 구체적이고 실용적인 조언을 해 주기 어렵다. 반면 구체적으로 설명하면, 상대방도 그에 맞는 구체적인 조언을 해 줄 수 있다.

효과적인 도움 요청을 위해서는 상황의 구체적 설명, 감정 상태의 명확한 표현, 원하는 도움의 종류 명시, 시도해 본 것들과 그 결과 등을 정리할 수 있어야 한다.

3. 번아웃은 피할 수 없는 여정

누구에게나 번아웃은 필연적으로 올 거라고 생각한다. 중요한 건 그것을 어떻게 받아들이고 극복하느냐다. 조금은 길더라도 가치 있는 길을 걸어가는 것. 그게 우리가 할 수 있는 최선이 아닐까.

번아웃, 누구도 눈치채지 못하는 무너짐

준혁: 나, 진짜 아무 이유 없이 멍하니 앉아 있었던 날이 있어.

재일: 그게 바로 번아웃이라는 거군요.

준혁: 회사는 일로 날 지치게 한 게 아니라, 나를 '기계'처럼 대했어.

재일: 맞아요. '잘 버티는 사람'이라는 칭찬이 사실은 위험한 말이었죠.

준혁: 그래서 번아웃은 혼자만의 문제가 아니야.

재일: 결국, 조직도 사람을 고쳐 써야 하는 거잖아요.

번아웃 감지 비교표

항목	이준혁 - 스타트업	변재일 - 외국계 기업
자각 시점	몸이 멈추고 나서야 인지	업무하다가 갑자기 들게 됨
겉으로 보이는 상태	무기력, 반응 없음	정상적으로 보임
회사 반응	"요즘 왜 그래요?"	회사와 이야기하기보다는 혼자서 회복하려고 노력
회복 방법	휴식과 역할 재조정 필요	업무 조정과 대화 필요

- 티키타카 인사이트

• 번아웃은 '게으름'이 아니라 '사라짐'이다.

• 겉으로 멀쩡해 보여도, 마음은 이미 자리를 떠날 수 있다.

• 번아웃을 감지하는 것은 개인의 몫이 아니라 조직의 책임이다.

☞ "누군가 지쳐 보인다면, 가장 먼저 해야 할 일은 '책임'을 묻는 것이 아니라 '존재'를 확인하는 일이다."

20장 ————————————
회사를 싫어하진 않지만 좋아하지도 않아

이준혁

- '좋아하진 않지만, 못 떠나는 이유'

"지금 회사 어때요?" 누군가 이렇게 묻는 순간, 나는 늘 짧은 침묵을 지나 대답했다.

"음… 나쁘진 않아요."

그 대답 안엔, 말로 꺼내기 어려운 복잡한 감정이 숨어 있었다.

좋다고 하자니 내 입이 거짓말 같았고, 싫다고 하자니 나 자신을 배신하는 기분이 들었다. 그래서 그저 '괜찮다.'는 중립적인 말로 응수했고, 상대방도 그 이상을 묻지 않았다. 사실 나조차 내 마음을 정확히 설명할 수 없었기 때문이다.

스타트업에서 보낸 시간 동안 나는 꽤 많은 것을 이뤄냈다. 내가 기획한 기능이 서비스에 반영됐고, 사용자 피드백이 달려왔고, 성공한 숫자들과 함께 팀이 성장하는 모습을 봤다. 업무적으로도, 관계적으로도 큰 문제가 있었던 건 아니었다. 회의는 잦았지만 견딜 만했고, 의견 충돌도 빠르게 봉합됐다. 회식은 가끔 있었고, 분위기도 그럭저럭 좋았다. 나쁘지 않았다. 진심으로.

그런데 어느 날부터, 아침에 눈을 뜨는 일이 점점 더 어려워졌다. 내가 만든 제품인데도 그걸 다시 켜 보고 싶은 마음이 생기지 않았고, 출근 준비를 하면서 이유 모를 허무함이 가슴에 가라앉곤 했다.

그건 게으름이 아니었다. 감정이 무뎌진 것이었다. 무엇을 해도 특별하지 않은 하루, 무엇을 해도 고마움이 줄어든 조직. 그 안에서 나는 점점 무채색이 되어갔다. 칭찬보다 실적이 먼저였고, 보람보다 생존이 우선이 되었다. 누군가를 도와야 할 이유도, 내가 더 잘해야 할 이유도 흐릿해졌다.

'계속 다닌다.'는 감각만 남은 채, 나는 출근했고 일했다. 그리고 어느 날 문득 깨달았다. 이 조용한 무심함이야말로, 커리어에 있어 가장 조용하고 위험한 위기였다는 걸.

- '좋아하지 않아도' 계속하게 되는 마음의 구조

나는 사실 일을 좋아하는 사람이었다. 단순한 직무 수행이 아니라, 더 나은 결과를 만드는 것을 좋아했고 내가 만든 무언가가 누군가의 하루에 영향을 미친다는 사실에 책임감을 느꼈다.

하드워커였고, 매일 머릿속에 일 생각이 떠나지 않았다. 어디서든 새로운 기능 아이디어를 떠올렸고, 사용자의 불만을 들으면 바로 개선 방향을 메모장에 적었다.

그런데 그 열정은 조직에 대한 충성심에서 비롯된 것이 아니었다. 내가 그 회사를 '좋아해서'라기보단, 나 자신이 증명받아야 할 이유들이 더 컸다.

나를 믿고 뽑아 준 사람에게 내가 틀리지 않았다는 걸 보여 주고 싶었다. 그리고 내 스스로가 만들어낸 일과 성과에 대한 책임, 그리고 그걸 통해 성장하고 싶다는 욕망이 있었다.

팀이 인력이 부족하다고 하면 내 네트워크를 총동원해 사람을 찾아왔다. 리소스가 부족하다고 하면 야근을 마다하지 않았고, 문제가 생기면 가장 먼저 팔을 걷어붙였다.

누가 시켜서가 아니라, 이 조직이 나에게 준 기회를 결과로 갚고 싶었다. 그래서 성공하면 함께 웃었고, 실패하면 밤잠을 설쳤다. 그게 꼭 이 회사를 사랑해서라기보다는, '내가 하고 있는 일'을 포기하고 싶지 않았기 때문이다.

나는 성공을 스타트업의 빠름에 대한 일종의 보답처럼 여기기도 했다. 이토록 빠르게 나를 믿어 주고, 빠르게 내 손에 무언가를 맡긴 이 환경에 나는 나 역시 빠르게, 무언가를 만들어야 한다는 의무감을 품게 되었다.

- 무관심의 그림자

"스타트업은 뜨겁다." 언젠가 누군가 그렇게 말했을 때, 나는 잠시 웃었다.

맞는 말이다. 회사의 비전은 크고, 실행은 빠르며, 메신저에는 매일같이 새로운 피드백과 요청이 올라온다. 실패는 용인되고, 성공은 크게 칭찬받는다.

하지만 그 뜨거움은 종종 너무 자주, 너무 가까이에서 나를 데운다. 야근은 습관처럼 반복되고, 데이터는 매일 체크해야 하며, 성공은 금세 '다음 목표'로 치환된다.

나는 그 안에서 점점 '내 감정'을 말하지 않게 됐다. 기뻐도, 힘들어도, 그냥 '일'로 처리했다. 제품이 잘돼도 크게 기쁘지 않았고, 문제가 생겨도 더 이상 놀라지 않았다. 메신저 알림이 100개쯤 쌓여 있어도, 마음의 온도는 0도처럼 차가웠다.

그 무감정의 상태는 '무관심'이라는 이름의 감정으로 바뀌었고, 그건 팀과 회사에 대한 애정이 아니라 내 자신에 대한 거리감으로 돌아왔다. 어디에도 속하지 않은 사람처럼 느껴졌고, 언제든 떠날 수 있을 것 같은 마음과 그럼에도 아직 머물고 있다는 사실 사이에서 매일같이 균형을 잡았다.

- 뜨거움이 아닌, 꾸준함으로 스타트업에 뛰어든 이유

나는 늘 스타트업에 있었다. 그리고 몇 번이나 다시, 또 스타트업을 선택했다. 좋아서라기보다, 그곳엔 내가 할 수 있는 일이 너무 많았기 때문이었다. 스타트업은 언제나 미완이었다. 방향이 정리되지 않았고, 정답도 없었다.

그런 곳에서는 오히려 내가 가진 경험, 실행력, 감각이 더 빛을 발했다. '이 일은 당신에게 맡기겠습니다.'라는 말 한마디가, '우리는 당신을 믿습니다.'라는 말처럼 들리던 시절이 있었다. 나는 그 말들에 늘 응답하고 싶었다. 아무것도 정해지지 않은 상태에서 기획을 잡고, 사람을 모으고, 서비스를 만들고, 시장에 띄우는 일. 그 과정을 거칠 때마다 나는 "내가 여기 있는 이유"를 다시 확인하곤 했다.

스타트업은 늘 아슬아슬한 구조였다. 내가 빠지면 누군가의 업무가 멈출 수도 있고, 내가 방향을 잡지 않으면 팀이 흔들릴 수도 있었다. 그 책임감은 무겁고 때론 고단했지만, 그만큼 명확한 동력이기도 했다.

나는 그 책임이 두렵지 않았다. 오히려, 그 '필요한 사람'이라는 위치가 나를 움직이게 만들었다. 누군가 나를 믿고 던져 준 일, 내가 처음부터 함께 만든 기능, 팀을 이루며 쌓아온 흐릿하지만 확실한 연대감. 그게 나를 다시 스타트업으로 이끌었다.

매번 쉽지 않았고, 번아웃도 겪었다. 하지만 다음 회사를 고를 때 나는 또 스타트업을 봤다. 불확실한 미래, 과한 책임, 빠른 전개 속에서도 그 안에는 여전히 '일의 본질'이 있었기 때문이다.

스타트업이라는 그라운드는 매일 새로운 이별이 벌어지는 곳이다. 그 안에서 나는 몇 번이고 다시 뛰어들었다. 뜨거움을 좇아서가 아니라, 내가 꾸준히 기여할 수 있는 곳이기 때문이었다.

"직장 열정의 생명주기: 허니문 기간에서 현실로."

- 마법 같은 첫 두 달

회사에 대해서 사람이 마음이 식는 시점은 사람마다 다르지만, 그 패턴은 놀랍도록 일관성을 보인다. 개인적으로는 일에서 주는 의미의 영향이 결정적이라고 생각한다.

대부분의 사람들이 새로운 회사에 입사하고 첫 한 달에서 두 달간은 열정적으로 일하는 시기를 경험한다. 이 시기는 일종의 '허니문 기간'이라고 할 수 있다. 매일매일이 새롭고, 배울 것이 무궁무진하며, 업무도 정말 재미있게 느껴진다. 마치 마법 같은 순간들이 펼쳐지는 것처럼 모든 것이 신선하고 흥미롭다.

이런 초기 열정의 배경에는 여러 요소들이 있다. 새로운 환경에 대한 호기심, 성장할 수 있다는 기대감, 그리고 무엇보다 '나도 이제 이 조직의 일원이 되었다.'는 소속감이 강력한 동기로 작용한다. 또한 모든 것이 학습의 대상이기 때문에, 작은 업무 하나하나도 의미 있는 경험으로 느껴진다.

하지만 이런 허니문 기간은 영원히 지속되지 않는다. 두 달을 넘어가면서부터 진짜 현실이 보이기 시작한다. 업무가 반복적으로 느껴지고, 처음에는 새로웠던 것들이 일상이 되면서 특별함을 잃는다. 더 중요한 것은 자신의 위치와 역할에 대한 현실적인 이해가 생기면서, 처음의 기대와 실제 상황 사이의 간극을 인식하게 된다는 점이다.

- 의심의 시작: "지금 내가 하는 일이 맞나?"

두 달을 넘어가고 나면 정말 중요한 전환점이 찾아온다. 계속해서 의미를 찾고 재미있게 일하는 순간들도 있지만, 동시에 멈칫하게 되는 순간들도 생긴다. "지금 내가 하는 일이 맞나? 지금 제대로 하는 거 맞나? 남들은 다 잘하고 있는 것 같은데?"라는 의심이 드는 순간, 그동안 쌓아왔던 열정은 급격하게 식어가기 마련이다.

이런 의심은 단순한 자신감 부족의 문제가 아니다. 오히려 직장인으로서 성숙해가는 과정에서 자연스럽게 나타나는 현상이다. 초기의 무조건적인 열정에서 벗어나 좀 더 현실적이고 비판적인 시각을 갖기 시작하는 것이다.

의심은 다양한 형태로 나타난다. 역량에 대한 의심("내가 이 일을 제대로 할 수 있을까?"), 방향성에 대한 의심("이 일이 정말 의미가 있을까?"), 소속감에 대한 의심("내가 여기에 맞는 사람일까?"), 미래에 대한 의심("이 일을 계속해서 어디로 갈 수 있을까?") 등이다.

이런 의심들은 개별적으로 나타나기도 하지만, 대부분 서로 연결되어 있고 상호 영향을 미친다. 한 영역에서의 의심이 다른 영역으로 번져가면서 전체적인 직장 만족도를 떨어뜨리는 것이다.

- 조급함의 악순환

의심이 시작되면 자연스럽게 조급해진다. "뭔가 더 해야 하는 것 아닌가?"라는 생각에 사로잡혀서 추가적인 성과를 내려고 노력한다. 하지만 현실적으로는 이미 주어진 업무가 있기 때문에, 추가적으로 무언가를 더 하기가 쉽지 않다.

이런 상황은 상당히 좌절스럽다. 문제를 인식하고 해결하려는 의지는 있는데, 구체적인 실행 방안이 명확하지 않다. 기존 업무는 계속 해야 하고, 그것만으로도 하루가 빠듯한데, 어떻게 추가적인 가치를 창출할 수 있을까?

조급함이 만드는 부작용들은 생각보다 심각하다. 기존 업무라도 완벽하게 해 보려고 과도하게 시간을 투입하게 되는 완벽주의의 함정에 빠지거나, 이것저것 다양한 시도를 해보지만 체계적이지 못해서 실질적인 성과로 이어지지 않는 산발적 노력의 비효율성을 경험한다. 동료들의 성과와 자신을 비교하면서 더욱 조급해지는 비교의식의 심화도 문제다. 결국 무리한 노력을 지속하다 보면 체력적, 정신적 한계에 도달하게 되는 번아웃의 위험도 있다.

- 조용한 퇴사라는 방어막

이런 상태가 지속되면 결국 '조용한 퇴사(Quiet Quitting)'라는 현상으로 이어진다. 이는 최근 유행어가 되었지만, 사실 예전부터 존재했던 현상에 새로운 이름을 붙인 것이다. 실제로 회사를 그만두지는 않지만, 최소한의 업무만 하면서 정신적으로는 이미 회사를 떠난 상태가 되는 것이다.

조용한 퇴사는 단순한 게으름이나 불성실함과는 다르다. 오히려 열정적으로 일하려고 노력했지만 좌절을 경험한 사람들이 자신을 보호하기 위해 선택하는 방어 기제에 가깝다. "어차피 내가 더 노력해도 인정받지 못할 것 같으니, 차라리 적당히 하면서 다른 기회를 찾자."는 식의 합리적 계산이 들어가 있다.

조용한 퇴사의 특징들을 보면 주어진 업무는 하되 그 이상은 하지 않는 최소 기준의 업무 수행, 회사의 성과나 문제에 대해 개인적인 감정을 투입하지 않는 감정적 거리두기, 회사 내부보다는 외부의 기회에 더 관심을 갖는 네트워킹 활동 증가, 회사에서 제공하는 교육이나 발전 기회보다는 개인적인 역량 개발에 집중하는 학습과 발전의 개인화 등이 있다.

- 로테이션에서 배운 기여감의 중요성

전 회사에서 로테이션 과정을 통해 여러 팀을 경험할 수 있었던 것은 매우 소중한 기회였다. 두 번에 걸친 로테이션을 통해 깨달은 가장 중요한 점은 "내 업무가 어딘가에 기여한다는 느낌을 갖는 것"의 중요성이었다.

같은 회사 안에서도 팀과 역할에 따라 업무의 성격과 의미가 완전히 달라진다는 것을 직접 경험했다. 어떤 팀에서는 아무리 열심히 해도 성취감을 느끼기 어려웠지만, 다른 팀에서는 작은 일에도 큰 보람을 느낄 수 있었다. 이는 개인의 역량이나 노력의 문제가 아니라, 업무 자체의 특성과 개인의 성향 간의 적합성 문제였다.

로테이션 시스템을 통해 다각적 시각을 확보하고, 적성을 발견할 기회를 얻고, 네트워크를 확장하고, 유연성과 적응력을 향상시킬 수 있었다. 하지만 깊이 있는 전문성을 기르기 어렵고, 지속적인 학습 곡선으로 인한 스트레스, 그리고 소속감 형성의 어려움 등의 단점도 있었다.

- 실무와의 거리감이 주는 좌절

약 1년 정도 업무했던 첫 번째 팀은 훌륭한 사람들로 구성되어 있었고, 회사에서 중요한 역할을 담당하고 있었다. 하지만 신입사원인 나에게 주어진 업무는 솔루션을 공부하고 프레젠테이션 자료를 만드는 정도의 보조적인 일들이었다. 실제 의사결정이나 고객 응대, 프로젝트 진행 등의 핵심 업무와는 거리가 먼 경우가 대부분이었다.

이런 상황에서는 아무리 열심히 해도 진정한 성취감을 느끼기 어렵다. 물론 학습의 관점에서는 의미가 있었고, 팀의 전체적인 업무 흐름을 이해하는 데 도움이 되었다. 하지만 "내가 정말 이 조직에 기여하고 있나?"라는 근본적인 의문을 해소하기는 어려웠다.

대부분의 조직에서 신입사원은 학습 단계에 있다고 간주된다. 당연히 처음부터 중요한 업무를 맡기기는 어렵고, 기본적인 지식과 스킬을 습득하는 시간이 필요하다. 하지만 이 학습 기간이 너무 길어지거나, 학습과 실제 기여 사이의 연결고리가 명확하지 않으면 동기 부여에 문제가 생긴다.

- CSR 활동에서 발견한 의미

하지만 마지막 6개월 동안의 경험은 완전히 달랐다. 실제로 회사 직원들이 즐길 수 있는 CSR(기업의 사회적 책임) 봉사활동을 기획하고 실행하는 업무를 맡게 된 것이다. 이 과정에서 처음으로 진정한 기여감을 느낄 수 있었다.

CSR 활동을 만들고, 직원들의 참여를 독려하고, 실제 행사에 참가해서 그 현장을 목격하는 것은 이전의 어떤 업무보다도 생생하고 의미 있는 경험이었다. 무엇보다도 내가 기획한 프로그램에 동료들이 참여하고, 그들이 즐거워하는 모습을 직접 볼 수 있다는 것이 큰 보람이었다.

이 경험을 통해 어떤 업무가 진정으로 의미 있게 느껴지는지에 대한 나름의 기준을 세울 수 있었다. 누구를 위한 일인지, 왜 하는 일인지가 분명한 명확한 목적과 대상, 기획부터 실행, 평가까지 전체 과정에 참여할 수 있는 전 과정에 대한 관여, 결과를 바로 확인할 수 있는 즉각적인 피드백, 정해진 매뉴얼을 따라하는 것이 아니라 자신만의 아이디어와 창의성을 투입할 수 있는 창의성 발휘 기회, 아무리 작은 것이라도 실제로 무언가를 변화시키거나 개선시킬 수 있는 실질적 영향력 등이다.

- AI 시대의 새로운 고민

사실 지금도 이런 기여감에 대한 고민은 계속되고 있다. 매일 반복하는 업무가 실제로 누군가에게 도움이 될까? AI에게 내 일은 대체될 만큼 사소한 일이 아닌가? 이런 질문들은 현대 직장인이라면 누구나 한 번쯤 해 봤을 근본적인 고민이다.

특히 AI 기술의 급속한 발전은 이런 고민을 더욱 심화시키고 있다. 단순 반복적인 업무는 물론이고, 창의적이라고 여겨졌던 많은 업무들도 AI가 수행할 수 있게 되면서, "과연 인간만이 할 수 있는 일이 무엇인가?"라는 질문이 더욱 절실해졌다.

하지만 이런 위기감은 동시에 기회이기도 하다. AI가 대체할 수 없는 인간 고유의 가치를 발견하고 키워 나갈 수 있는 계기가 되기 때문이다. AI는 데이터를 분석하고 패턴을 찾는 데는 뛰어나지만, 인간의 감정을 이해하고 공감하는 감정적 지능과 공감 능력, 예측 불가능한 상황에서의 창의적 사고와 혁신적 해결책 도출인 창의적 문제 해결, 진정한 인간관계를 만들고 유지하는 관계 구축과 네트워킹, 복잡하고 미묘한 상황에서의 균형감 있는 맥락적 판단, 가치 판단이 필요한 윤리적 딜레마 상황에서의 윤리적 의사결정 등은 여전히 인간의 고유 영역이다.

- 지속적인 자기 개발의 필요성

그렇다면 이런 상태를 벗어나기 위해서 추가로 할 수 있는 일들은 무엇일까? 이는 매일 치열하게 고민하게 되는 질문이다. 단순히 기존 업무를 더 열심히 하는 것을 넘어서서, 자신만의 독특한 가치를 만들어 나가야 한다.

현재 담당하고 있는 업무 영역에서 누구보다 깊은 전문성을 기르는 전문성의 깊이 확보, 다른 부서나 영역과의 연결고리를 만들어내는 횡적 연결 능력 개발, 단순한 업무 수행을 넘어서서 데이터를 분석하고 인사이트를 도출하여 의사결정에 도움을 주는 데이터 기반 인사이트 제공, 기존의 업무 방식을 개선할 수 있는 아이디어를 지속적으로 제안하고 실행하는 프로세스 개선 제안, 자신이 쌓은 노하우와 경험을 동료들과 공유하여 조직 전체의 역량 향상에 기여하는 멘토링과 지식 공유 등이 가능한 차별화 전략들이다.

이런 기여에 대한 고민은 아마 회사에서의 커리어가 끝날 때까지 멈출 수 없는 과제일 것이다. 이는 단순히 초보자 시절의 일시적인 고민이 아니라, 전문가로 성장해 가는 과정에서 지속적으로 마주쳐야 하는 근본적인 질문이다. 결국 직장에서의 의미와 기여감 추구는 개인의 성장과 조직의 발전이 만나는 지점에서 이루어진다. 이 균형점을 찾아가는 과정은 쉽지 않지만, 그 과정 자체가 진정한 전문가로 성장해 가는 여정이라고 생각한다.

사직서까진 아니지만

재일: 형, 회사 안 좋아도 계속 다닌 적 있어요?

준혁: 많지. 싫어서 나가는 게 아니라, 애정이 식어서 나가는 거니까.

재일: 전 그 감정이 무서워요. 무기력해지는 느낌이라서요.

준혁: 그게 '번아웃'은 아닌데, 되게 위험한 신호야.

재일: 맞아요. 성과도 내고 있는데 왜 공허할까요?

준혁: 그건 이제 '의미'가 문제인 거야. 일이 아닌 나에 대한.

재일: 사직서는 아니지만, 마음은 이미 퇴사 중인 느낌.

준혁: 그럴 땐, 일보다 나를 먼저 들여다봐야 해.

감정 곡선 비교표

구분	이준혁 - 스타트업	변재일 - 외국계 기업
감정 상태	무감각, 권태, 망설임	거리감, 무덤덤함
유지 이유	동료와 책임감	회사에서 나라는 사람의 가치
내면 질문	"왜 계속 있어야 하지?"	"계속 이대로 괜찮은가?"
변화 신호	애정의 소멸	감정의 단절
다음 스텝	의미 찾기, 커리어 재정의	개인 프로젝트 탐색, 내부 전환 고려

- 티키타카 인사이트

- 회사가 싫어서 떠나는 사람보다, 회사가 '의미 없어져서' 떠나는 사람이 더 많다.

- 만족감이 아니라 애정의 유무가 커리어 지속의 기준이 된다.

- 애정이 사라질 땐, 회사를 보기 전에 자신을 먼저 들여다봐야 한다.

☞ "애정이 없는 출근은, 침묵 속의 퇴사다."

커리어의 중간점에서

나는 어디로 가고 있지?

이준혁

- '바쁨'이 커리어의 방향이 될 수는 없다

내 커리어는 늘 '실행'에 집중된 것이었다. 아이디어를 구체화하고, 문제를 해결하고, 빠르게 프로토타입을 돌리고, 다음 버전을 준비하고. 전략보다 속도, 완성보다 가능성, 디테일보단 방향이 먼저였다.

"어차피 스타트업이잖아." 그 말은 늘 나를 정당화해 줬고, 나는 그 말에 기대어 계속 달렸다. 회의에 들어가고, 백로그를 정리하고, 디자이너와 협의하고, 개발 배포 일정 맞추고… '일을 하고 있다.'는 감각은 늘 충만했다. 그래서 괜찮다고 생각했다. 계속 움직이고 있으니까.

그런데 어느 날, 문득 멈칫했다. "나는 지금 어디로 가고 있지?" 성과가 없었던 것도 아니고, 일에 실망한 것도 아니었다. 문제는… 방향이었다. 내가 가고 있는 곳이 어딘지 모르겠는 것이다. 그건 성과보다 더 크고, 더 깊은 위기였다.

- 방향은 주어지는 게 아니라 만들어 가는 것

스타트업은 언제나 바쁘다. 이번 달엔 리텐션이 문제고, 다음 달엔 CAC가 문제고, 그 다음엔 CS 채널을 자동화해야 한다. 과제를 해결하면 또 다른 문제가 오고, 그걸 풀면 새로운 기회가 생긴다. 그래서 나는 늘 그 '다음'에 반응하며 살았다. 다음 스프린트, 다음 마일스톤, 다음 서비스 런칭.

하지만 커리어는 '다음'의 반복으로 만들어지지 않는다. 그건 '어디로'라는 질문에 답을 줘야 비로소 나의 것이 된다. 문제를 푸는 능력도 중요하지만, 그 일이 나를 어디로 데려가는지를 자각하지 못하면 나는 결국 '다른 누군가의 문제를 대신 풀어주는 사람'이 되고 만다. 그리고 그렇게 살아간다는 건, 결국 내 인생의 운전대를 남에게 맡긴다는 의미이기도 하다.

- 포장된 숫자, 정직하지 못한 성장

스타트업에서 숫자는 생존을 의미한다. 매출, MAU, 가입자 수, 전환율. 이 모든 숫자들은 우리가 살아 있다는 걸 입증하는 지표가 된다.

그런데 이 숫자들이 모두 진실일까? 솔직히 말해, 아닐 때도 많다.

매주 200% 성장했다고 발표된 숫자는, 전 주에 워낙 작았기 때문에 가능한 이야기였고 신규 고객 10,000명을 확보했다고 써 붙였지만, 알고 보면 제휴처 프로모션을 통해 유입된 일회성 유저일 뿐이었다.

어느 스타트업도 노골적으로 거짓말을 하진 않지만, 있는 걸 조금 더 크게 말하고, 없는 걸 약간 부풀리는 건 익숙한 생존 기술처럼 여겨진다.

거짓이라고 말하긴 어렵지만, 진실하다고도 말할 수 없다. 그렇게 만든 PR자료는 언론에 실리고, 투자자에게 전달되고, 우리보다 덜 성장한 경쟁사를 이기는 무기가 된다. 그 과정에서 나는 무엇을 하고 있었을까?

숫자를 정리하고, 피치덱을 만들고, 성공사례를 꾸미고. 실제로는 우리 팀이 밤을 새워 해결했던 오류 수정이 더 중요했는데, 그건 어디에도 기록되지 않았고, 누구에게도 전달되지 않았다.

그래서 나는 혼란스러웠다. '내가 만든 성과'는 어디에 있는 걸까? '내 커리어의 증거'는 어디로 사라진 걸까?

- 일의 경계가 없다는 건, 커리어의 경계도 없다는 뜻

스타트업은 작은 조직이다. 그래서 역할이 명확하지 않다. PO지만 영업도 하고, 마케팅도 하고, CS도 담당한다. 어떤 날은 기획자가 아니라 제안서 작성자가 되고, 또 어떤 날은 개발 QA를 도와야 한다.

이런 유연함은 분명 배우는 게 많다. 하지만 동시에 '내 일이 무엇인지' 모르게 만든다. 오늘 한 일은 경력기술서에 적을 수 없고, 이번 달의 프로젝트는 포트폴리오로 남기기도 애매하다.

그러다 보니 내가 앞으로 어디로 가고 싶은지도 모르게 된다. PM인가? PO인가? CXM인가? 기획자인가? 브랜드 디렉터인가? 내 커리어는 지금 무엇을 중심으로 축적되고 있는가? 그게 불분명해지기 시작하면, 일은 자꾸 '소모'로 느껴진다.

- '우리'라는 말로 묶인 책임감의 허상

물론 스타트업은 '우리'를 강조한다. 우리의 제품, 우리의 사용자, 우리의 팀.

이 말은 팀워크를 북돋우고 사명감을 준다. 하지만 때로는 그 '우리'라는 말이, 내 커리어의 방향성을 흐리기도 한다.

"이건 다 같이 하는 일이야.", "지금은 힘들지만 곧 나아질 거야.", "회사가 잘 되면 다 같이 보상받게 될 거야."

하지만 대부분의 경우, 그 '우리'는 공동체가 아니라 임시 연합에 가깝다. 지분이 있는 코파운더가 아닌 이상, 회사의 성공이 내 성공으로 귀결될 확률은 생각보다 낮다.

그래서 나는 스스로 물어야 했다. "나는 왜 이 일을 하는가?", "나는 이 일 다음에 무엇을 하고 싶은가?", "이 프로젝트가 나를 어디로 이끌어 줄 것인가?" 그 질문에 대답할 수 없다면, 나는 여전히 바쁘겠지만, 그 바쁨은 내 커리어를 앞으로 이끄는 동력이 되지 못할 것이다.

- 방향이 없으면, 아무리 잘 달려도 결국 제자리다

내가 만든 서비스가 런칭되고, 수많은 유저가 쓰고, 피드백을 받았다. 지표도 조금씩 올라갔고, 팀원들과의 협업도 잘 진행됐다. 하지만… 나는 점점 지쳐 갔다. 성과는 있었지만, 목적지는 없었다. 문제는 매일 해결되었지만, 내 안의 방향성은 더 미궁 속으로 들어갔다.

커리어는 단순히 무엇을 해냈느냐의 싸움이 아니다. 그보다는 그것이 나를 어디로 이끌었는가의 싸움이다.

　나는 늘 그걸 고민해 왔었다. 나는 무엇을 하고 싶고, 어떤 문제를 풀고 싶으며, 어떤 사람으로 남고 싶은가. 그 질문 앞에서, 나는 다시 손에 쥔 일들을 내려놓고 지도를 꺼내야 한다. 길을 걸으며 동시에 방향을 점검하지 않으면, 나는 멀리 갔지만, 결국 돌아온 제자리에서 헛헛함만 느끼게 될지도 모른다.

"제대로 하고 있는 거 맞나? 주니어의 불안과 돌파구."

- 새벽 2시의 질문

"지금, 나 제대로 하고 있는 거 맞나?"

업무를 하면서 이 감정을 안 느껴 본 적은 없다. 어떤 업무를 하건 간에 이 감정은 한 번씩은 사춘기처럼 겪어야 하는 것 같다. 하라는 것은 잘 하고 있는데, 이걸 잘하면 앞으로 내 커리어에 도움이 될까? 그냥 똑같은 업무만 하다가 뒤처지는 건 아닐까? AI가 사람의 업무를 빼앗고 있다는데, 회사에서 40세에 일하고만 있어도 기적이 아닐까?

"아, 자야 하는데 늦었네…."

이런저런 고민을 하다 보면 새벽 2시가 되거나, 그 이상을 넘어서 잠을 설치고 회사에 가야 하는 경우도 상당히 많았다.

- 주니어의 하루는 이렇게 흘러간다

"이 업무 해 주세요!"

주니어는 보통 업무 지시를 받는 입장이다. 이메일로 받거나 사무실에서 직접 말로 받거나. 당연히 월급을 받고 프로페셔널하게 업무를 해야 하니까, 일단 시키는 대로 열심히 해 본다.

운이 좋으면 바로 통과되는 경우가 있고, 그렇지 않으면 다시 피드백을 받아 고쳐서 업무를 한다. 업무가 잘 되면 회사에서는 추가 업무를 주려고 하는 편이고, 그럼 또 그것을 받아서 열심히 하다 보면 어느덧 6시가 눈앞에 와 있다.

현재까지 내 업무는 커버리지가 넓은 경우가 많았다. 다양한 사람들과 소통하며 그때그때 생긴 문제를 해결하는 역할이다. 그러다 보니 뭔가 한 프로젝트에 제대로 포함되기보다는 여러 군데에 걸쳐 있었다.

프로젝트 여러 개를 하는 것도 분명히 의미 있고 재미있는 일이다. 하지만 가장 중요한 문제가 떠오르게 된다.

"전문성이 생기지 않으면 어떻게 하지?"

- 기록의 힘을 깨닫다

인간의 기억력은 너무도 가벼워서 쓰지 않으면 잊어버린다. 너무 다양한 일에 매달려 하루하루가 지나가다 보면 하루가 며칠이 되고, 며칠이 몇 달이 되는 일이 흔하다. 그래서 일한 것 중에 괜찮은 것이 있으면 그것을 글로 기재하는 연습을 시작했다.

처음에는 개인이 볼 수 있도록 간단하게 썼다. 면접을 볼 때는 상황, 업무, 행동, 결과를 바탕으로 한 STAR 기법을 활용하는 것이 유리하다. 엑셀 파일을 만들어서 내가 했던 업무들과 함께 그러한 상황들을 적었다. 이걸 왜 했고 무엇을 했고 어떻게 되었고 무엇을 느꼈는지가 하나의 스토리로 이어지도록 꾸준히 연습했다.

그러다가 다시 생각해 보니 이것을 한편의 글로 먼저 쭉 풀어낸 후 STAR에 맞게 정리하는 것도 좋겠다는 생각이 들었다. 그래서 업무를 하면서 느낀 것들을 쭉 정리하고 이를 블로그, 링크드인 등에 포스팅하기 시작했다.

6개월 정도가 지나면 그동안 했던 일들을 업데이트해서 링크드인 Work experience 부분에 정리하고, 최근 강조하는 포트폴리오도 업데이트하기 위해서 노력했다.

- 실행이 답이다

전문성을 쌓기 위해서 예전에는 특강을 여기저기 많이 들으러 다녔다. 물론 외부 지식을 배우는 것도 정말 중요하지만, 결국 더 중요한 것은 실행 및 아웃풋을 내는 것이 중요하다는 사실을 배웠다.

글을 쓰는 것은 가장 쉽게 할 수 있으면서, 활동의 흔적을 남길 수 있다는 점에서 많은 사람들이 해봤으면 좋겠는 활동이다.

대기업이나 공기업에 비해 좀 더 불안정한 외국계 기업 커리어를 그리고 있기 때문에, 언제나 혼자 설 준비를 하고 있어야 한다고 생각한다. 물론 일하느라 바빠서 평일 저녁 1-2시간, 그리고 주말 저녁 정도밖에 쓰지 못하지만, 그래도 꾸준히 하다 보면 언젠가는 원하는 미래를 얻을 수 있으리라고 믿는다.

- 20대이기 때문에 할 수 있는 것들

젊기 때문에 할 수 있는 것들도 충분히 있다고 생각한다. 나이가 들면 결혼을 하고, 자식이 생기면 책임이라는 족쇄에 묶이게 된다. 물론 책임을 지는 과정에서 느끼는 또 다른 행복이 있겠지만, 20대처럼 많은 도전을 하기에는 그 앞을 막는 수많은 장애물들이 있을 것이라고 생각한다. 그래서 오늘 힘들어도 또 하나의 액션을 취해볼 생각이다.

- 불안을 돌파하는 세 가지 방법

결국 '제대로 하고 있는 거 맞나?'라는 질문에 대한 답은 행동에서 나온다는 걸 깨달았다.

첫째, 기록하는 습관이다. 아무리 작은 일이라도 글로 남겨 두면 나중에 큰 자산이 된다. 내가 뭘 했는지 잊어버리는 게 가장 큰 손해다.

둘째, 아웃풋을 만드는 것이다. 인풋만 계속 받아들이면 소화불량이 온다. 배운 걸 글로 쓰고, 경험을 정리하고, 누군가에게 공유하는 과정에서 진짜 내 것이 된다.

셋째, 미래를 위한 준비를 게을리하지 않는 것이다. 회사는 언제든 떠날 수 있지만, 내가 쌓은 경험과 능력은 어디든 가져갈 수 있다.

같이 한번 조금이라도 도전해 보면 어떨까? 건강을 지키기 위해 더 움직여 보고, 나에 대해 한 글자라도 써 보고, 언제 다가올지 모를 위기 상황을 위해 자산을 지키기 위해 노력해 보자.

새벽 2시의 불안한 질문도 결국은 성장의 신호다. 그 불안을 행동으로 바꿔 나가면, 언젠가는 확신에 찬 대답을 할 수 있을 거라고 믿는다.

커리어의 지도는 누가 그리는가?

준혁: 재일아, 커리어 계획 있어?

재일: 예전엔 없었는데 요즘은 생겼어요. 그냥 열심히만 하면 되는 줄 알
았거든요.

준혁: 나도 그랬어. 문제 해결하는 게 내 커리어인 줄 알았거든.

재일: 근데 해결만 하면, 어디로 가는진 모르잖아요.

준혁: 맞아. 그 방향을 누가 그려주진 않더라고. 내가 정해야 돼.

재일: 커리어의 방향도 결국 기획이네요.

준혁: 완전 맞는 말. 인생 기획서 한 번 써봐야겠다.

커리어 궤적 비교표

구분	이준혁 - 스타트업	변재일 - 외국계 기업
커리어 초반	다양한 실행 경험 중심	정형화된 역할 내 정착
전환의 계기	방향 없는 실행에 대한 의문	장기 커리어 계획 필요성 인식
실행 후 변화	프로젝트 중심에서 방향 중심으로 전환	코칭을 통해 커리어 전략 설정
현재의 포지션	전략적 실행가로의 전환기	역할을 넘는 영향력 고민 중

- 티키타카 인사이트

• 커리어는 문제 해결의 연속이 아니라, 방향 설정의 연속이다.

• 주어진 일을 잘하는 것과, 하고 싶은 일을 해가는 것은 다르다.

• 커리어에도 나침반이 필요하다. 방향 없는 실행은 소모일 수 있다.

☞ "내가 하고 싶은 일은 무엇인가?"라는 질문이 커리어의 출발점이다.

22장 ─────────────────

이직, 도망인가 변화인가

이준혁

- '여기서 더는 안 되겠다.'는 마음에서 시작되었다

이직을 생각하게 되는 순간은 참 묘하다. 처음에는 아주 작은 의심에서 시작된다. '지금 이 방향이 맞을까?', '나는 왜 점점 침묵하고 있지?', '왜 이 일에 설레지 않지?'

그러다 어느 날 갑자기 터져 나온다. '더는 안 되겠다.' 이건 아니다. 여기서는 아닌 것 같다.

스타트업에선 그런 순간이 더 잦았다. 구조는 자주 바뀌고, 팀장은 수시로 바뀌며, 동료가 이탈하고, 전략이 뒤집히고, 갑자기 대표가 바뀌고, 한때 강조되던 OKR이 며칠 만에 사라지는 경우도 있었다. 단단하게 다져온 팀워크는 어느 날 부로 허물어졌고, 나 혼자만 그 자리에 남아 있는 기분이 들기도 했다.

그럴 때면, 나는 질문했다. "나는 아직도 이 자리에 있어야 할까?" "이제 나의 역할은 끝난 게 아닐까?"

- 성장의 정체, 더 이상 내가 할 수 없을 때

이직을 결심한 가장 큰 이유는 결국 '성장의 정체'였다. 일이 없어서가 아니라, 내가 할 수 있는 일이 사라졌을 때. 혹은, 일이 있긴 한데 더 이상 그 일을 주도할 수 없게 되었을 때.

내가 온전히 책임졌던 프로젝트가 어느 순간 위로부터 강제로 재설계되고, 나의 우선순위가 회사의 방향성과 어긋나기 시작할 때, 나는 그 조직에 더 이상 내가 할 수 있는 일이 없다는 신호를 느꼈다.

그리고 그때마다 깨달았다. 아무리 애정이 있던 조직도, '내가 성장할 수 없다.'고 느껴지는 순간부터는 더 이상 머무를 수 없다는 것을.

스타트업은 빠르게 성장하는 조직이다. 그렇기에 내가 속한 위치가 언제든 작아질 수 있고, 내가 쌓아온 것들이 하루아침에 무의미해지는 일도 흔하다. 특히 코파운더가 아닌 입장에서, 회사의 최종 결정이 내가 믿고 가던 방향과 다르게 흘러갈 때, 그 차이를 끝까지 감내할 이유는 없다.

나 역시 그런 순간들을 지나왔다. 내가 꿈꾸던 미래와 그들의 결론이 너무 달랐기에 나는 결정을 내렸다. 그건 도망이 아니라, 방향이 달랐던 것이다.

- 이직은 비겁한 게 아니다

하지만 이상하게도, 스타트업에서는 '이직'이 배신처럼 여겨진다. 퇴사를 이야기하면 눈빛이 달라지고, 투명인간 취급을 받는다. 내가 쌓아온 성과나 노력은 사라지고, 남는 건 "이 사람, 결국 떠나는 사람이야."라는 시선뿐이다.

스타트업은 '가족 같은 분위기' '한 배를 탄 동료' '같이 고생한 전우'라는 서사로 구성되지만, 그 가족은 법적 책임이 없고, 그 배는 언제든 갈아탈 수 있다. 결국 동료들은 회사를 위해 헌신한 것이 아니라, 그들이 가진 가치를 믿고, 자신의 커리어와 가능성을 보고 이 회사에 투여한 것이다.

그럼에도 이직을 말하는 순간, 당신은 충성심이 없는 사람, 팀을 떠나는 사람, 나중에 돌아와도 반기지 않을 사람으로 바뀐다. 이직은 개인의 선택일 뿐인데, 조직은 감정적으로 반응한다.

- 결국은 나와 내 가족을 위한 결정

그럼에도 나는 말하고 싶다. 이직은 비겁한 일이 아니다. 오히려 용기 있는 선택이다.

지금보다 더 좋은 연봉, 더 나은 조건, 더 안정적인 환경을 위한 결정일 수도 있고, 단순히 '여기선 더는 내 자리가 없다.'고 느낄 때 그 감각을 믿고 나오는 것도 포함된다.

스타트업이 개인에게 무언가를 보장하지 않는 것처럼, 개인도 스타트업에 모든 것을 걸어선 안 된다. 특히 창업자가 아닌 이상, 그 길에 같이 걸어간다는 이유로 인생 전체를 책임지라고 말할 수는 없다.

나는 그렇게 생각한다. 이직은 조직이 아닌 '나'라는 브랜드를 위한 전략적 선택이다. 가장 나답게 일할 수 있는 환경을 찾기 위한 실험이고, 그 속에서 나의 방향성을 다시 찾기 위한 여정이다.

- 도망이었을지라도, 변화가 시작되었다면 의미 있다

물론 어떤 이직은 분명 도망이었다. 지쳐서, 실망해서, 버티기 힘들어서. 하지만 그 도망 속에서도 나는 나의 기준을 얻었다.

'이번에는 이런 리더를 만나고 싶다.' '다음 회사에서는 이런 문화는 피하고 싶다.' '나는 이런 방식의 일에는 맞지 않구나.' 그 기준이 생겼다면, 그건 단순한 도망이 아니라, 변화를 위한 준비였다.

이직은 환경을 바꾸는 일이기도 하지만, 더 본질적으로는 나라는 사람의 일하는 방식을 다시 배우는 과정이다. 내가 어떤 환경에서 더 힘을 발휘하는지, 어떤 조건이 있을 때 나는 성장하는지를 알게 되는 시간이다. 그리고 그 안에서 나는 진짜 '일의 주도권'을 갖게 되었다.

- 다시 시작할 수 있다는 믿음

이직은 어쩌면 가장 현실적인 용기다. 이제는 이 환경에서 나를 더 이상 밀어붙일 수 없다는 걸 인정하는 것, 지금의 이 길이 나의 길이 아니라는 걸 스스로에게 고백하는 일이다.

나는 그 선택을 여러 번 했다. 회사를 떠날 때마다 두려웠고, 다시 시작하는 게 늘 버거웠다. 하지만 그 선택들 덕분에 지금의 내가 있다. 스스로가 어떤 사람인지, 어떤 일에 힘을 얻고 어떤 환경에 지치는지 한 번도 생각하지 않았다면, 나는 아직도 '그럭저럭 괜찮은 일'에 머물러 있었을지도 모른다.

이직은 항상 아름다운 변화는 아니다. 하지만 때때로, 꼭 필요한 이별이다. 그리고 그 끝에서 나는 조금 더 나에게 가까워진다.

"외국계 이직의 현실: 2-3년마다 찾아오는 선택의 순간."

- 외국계의 이직 문화

글로벌 기업에서 이직은 보통 2-3년마다 이루어지곤 한다. 7-8년 이상 장기근속할 수 있는 한국 대기업과는 다르게, 글로벌 기업은 철저한 성과평가 베이스다. 사람들은 회사를 다니면서 연차를 남겨 놓고 더 좋은 오퍼가 오면 미련없이 이직을 하곤 했다.

첫 번째 회사에서 두 번째 회사로 옮길 때, 나는 외국계 기업만 면접을 봤다. 대기업이 외국계 기업보다 초년생에게 더 많은 연봉을 주는 장점이 있었지만, 개인적으로 첫 번째 회사에서 겪었던 외국계 기업의 수평적인 문화가 좋았다. 소신 있게 주장을 이야기할 수 있고, 그 주장이 존중받는 외국계 기업 문화가 마음에 들었던 것 같다.

- 3번의 이직으로 성장한 선배의 이야기

외국계 기업에서는 3년 이상 일하는 직원을 본 적이 없고, 굉장히 경력직인 직원들이 많았다. 현재 일하는 팀에서 Trade Marketing Manager 포지션을 채용한 적이 있는데, 벌써 9년 차 정도 된 직원이 헤드헌터를 통해 채용되었다.

놀랍게도 이 직원도 약 3번의 이직을 한 직원이었다. 첫 번째 기업은 식품기업에서 Sales Operation으로 약 1년 4개월 동안 계약직으로 이직을 하면서 일을 배웠다. 두 번째 기업 또한 식품 기업이었는데, 3년 동안 Trade Marketing으로 업무를 하면서 실력을 쌓아 나갔다. 다음으로 산업을 조금 바꿔서 거기에서 3년 동안 조금 더 높은 직책으로 일을 하다가, 마지막에 현재 있는 회사로 왔다.

이렇게 여러 번 이직을 하면서 연봉과 직급을 올리는 커리어 패스를 가지고 있다. 사실상 외국계 기업의 경우 미국의 문화를 따라가는 것 같은데, 물론 고용안정성이 한국이 조금 더 높다는 장점은 있지만 대부분 열심히 이직을 한다.

- 브랜드에 대한 욕망과 현실적 선택

물론 대부분의 청년들, 특히 나처럼 대학교를 졸업한 사람들은 처음부터 대기업 정규직, 공기업 정규직, 공무원같이 그래도 남들이 알아주는 회사에서 멋지게 커리어를 시작하고 싶어하는 욕망이 있다. 사실 나도 그 마음이 없었던 것은 아니다. 회사의 누구라고 소개하면 사람들이 우러러봐 주는데 그 만족감을 어찌 무시할 수 있겠는가?

하지만 링크드인을 통해 다양한 사람들을 만나고 이야기를 들으면서, 회사의 이름도 무시할 수는 없지만, 결국 나에게 맞고 능력을 발휘할 수 있는 곳이 중요하다는 생각이 들었다.

- 이직 기준 5가지: 현실적 판단의 틀

그래서 첫 이직 때 다음과 같은 기준들을 참고했다.

1. 회사 유형 결정하기

우선 내가 일하고 싶은 회사의 유형을 정하는 것이 중요하다. 대기업, 공기업, 스타트업/외국계, 공무원, 전문직, 대학원까지 여섯 개의 루트를 잡아서 볼 수 있는데 이 여섯 개가 모두 준비하는 방법이 조금 다르다고 생각한다.

스타트업이나 외국계의 경우는 서류를 내고 바로 면접을 본다는 점에서 조금 유사하지만, AI 적성검사나 인적성 검사를 준비해야 하는 대기업, 시험 위주로 사람을 선발하는 공기업/전문직, 내가 학문적으로 어떤 결과를 낼지에 대해서 증명해야 하는 대학원은 모두 다른 언어로 되어있다.

아직 깊게 공부해 보고 싶은 학문 갈피를 잡지 못해서 대학원은 뺐고, 학생이라는 버팀목이 없어서 일을 구해야 했기에 빠르게 승부를 볼 수 있는 일반 취업 중 가장 환경이 맞는 외국계를 골랐다.

2. 직무 설정의 현실

다음으로는 직무를 설정하는 것이다. 원래는 외국계 기업 정규직에 바로 지원을 하고 싶었으나, 당시 채용한파로 인해 포지션이 많이 없었기 때문에 계약직까지 눈물을 머금고 확대할 수밖에 없었다.

사실 외국계 기업의 경우 국내에 판매를 하려고 들어오는 것이기 때문에, 제조 기업의 일부 엔지니어들을 제외하면 주니어를 뽑는 직무가 딱 2개밖에 없다. 세일즈, 마케팅. 다른 직무들은 대부분 국내 기업에서 경력자를 뽑아서 데려오기 때문에, 지속적으로 외국계 기업에 있고 싶은 나는 세일즈 쪽을 집중적으로 지원했다.

3. 브랜드 파워 비교

면접을 보고 난 후에는 두 기업의 브랜드를 비교했다. 두 기업 모두 좋은 기업이었으나, 각 기업이 산업에서 어느 정도의 위치를 가지고 있는지도 중요하게 파악했다. 내가 어떤 기업에서 일했다는 것이 나를 전부 설명하는 것은 안 되겠지만, 산업 내에서의 기업의 명성은 그만큼 좋은 회사에서 일했다는 인상을 주기에 충분하기 때문이다. 두 기업 모두 명성은 있었지만, 한 기업의 네임밸류가 압도적이었다.

4. 조직문화 확인

다음으로 고려한 것은 조직문화였는데 조직문화를 파악하기 가장 좋은 것은 아무래도 블라인드 별점을 보는 것이다. 잡플래닛 별점의 경우 객관성을 상쇄한 경우가 많아 추천되지 않는다. 보통 5점 만점에 2.5점 미만이면 가지 않는 것을 추천하고, 3.0을 넘으면 좋은 기업이라고 한다. 당시 한 기업은 3.5점이었고 한 기업은 2.5점이었다.

5. 출퇴근 시간과 연봉

또 고려한 것은 출퇴근 시간이었다. 물론 나중에 자가로 경기도나 먼 곳에 살게 된다면, 출근 시간이 오래 걸릴 수 있지만, 출퇴근 시간이 오래 걸린다는 것은 그만큼 나의 시간을 빼앗긴다는 것을 의미한다. 30분이라는 짧은 시간이 모이고 모이면 큰 가치를 지닌다는 것을 깨달았기 때문에 그 시간을 중시하기로 했다.

마지막으로 본 것은 연봉이었는데, 두 회사의 Salary Offer를 본 뒤 더 나은 오퍼가 어느 쪽인지 비교 분석했다. 왜냐하면 외국계 기업의 경우, 연봉을 산출하기 전에 이전 직장의 원천징수영수증과 Salary Offer를 달라고 하기 때문이다. 이전 직장의 연봉도 다음 직장의 연봉을 책정하는 것에 중요한 영향을 미치기 때문에 정말 중요하다.

- 선택을 위한 조언 구하기

외국계 기업의 길을 걷기로 결정한 이상, 앞으로도 정말 많은 선택이 있을 것 같다. 선택을 내리기 전에 내 상황을 Claude에 내려서 어떤 것이 더 나은지 평가도 해보고, 또 링크드인이나 길을 먼저 걸은 선배들에게 선택지를 물어보는 것도 큰 도움이 된다고 생각한다.

모두가 본인이 만족하는 가치를 최대한 추구하는 이직을 하기를 바라는 마음이다.

결국 외국계에서의 이직은 단순히 회사를 바꾸는 게 아니라, 내 커리어를 전략적으로 설계하는 과정이다. 브랜드에 대한 욕망과 현실적 필요 사이에서 균형을 잡으면서, 나에게 맞는 환경을 찾아가는 여정이라고 생각한다.

이직이라는 선택지

재일: 형은 첫 이직할 때 기분 어땠어요?

준혁: 겁났지. 근데 겁나서 더 빨리 뛰었어.

재일: 저는 강제로 이직을 해야 했어서 참 불안했던 거 같아요.

준혁: 맞아. 근데 중요한 건 남들이 아니라, 내가 그 이유를 말할 수 있느냐인 것 같아.

재일: 결국 이직은 '언제'보다 '왜'가 중요한 거네요.

준혁: 응, 그리고 그 '왜'는 남이 아닌 내가 말할 수 있어야 해.

이직 전후 비교표

구분	이직 전	이직 후
기대	새로운 기회와 성장	내가 더 잘할 수 있을까?
현실	익숙한 문제 반복	일하는 방식 변화
감정	설렘과 불안 공존	안정보다 고민 증가
성장 관점	타이틀 중심	나 중심의 기준 정립

- 티키타카 인사이트

- 이직은 외부 변화처럼 보이지만, 결국 내 내부의 변화가 핵심이다.
- 직장을 바꾸는 것이 아니라, 일하는 나의 관점을 바꾸는 것이 이직의 진짜 본질이다.
- 중요한 건 '언제 이직할 것인가.'보다 '왜 이직하려 하는가.'에 대한 스스로의 명확한 대답이다.

☞ "이직은 변화를 가장한 자기확장의 기회일 수 있다."

진짜 하고 싶은 일은 따로 있다

이준혁

- PO의 일, 그리고 그 안에 감춰진 취향

PO/PM이라는 직함으로 일한 지 꽤 시간이 흘렀다. 백로그를 정리하고, 사용자 흐름을 설계하고, 개발과 협의해 기능을 만들고, 릴리즈하고, A/B 테스트를 돌리고, 결과를 확인하며 다시 백로그를 재정비하는 하루하루.

성과는 명확했다. 우리 팀이 기획한 기능이 서비스에 반영되고, 지표가 올랐고, 유저 수가 증가했다. 하지만 신기하게도, 내가 가장 오래 기억하는 건 그런 수치가 아니었다.

"이 문구 덕분에 조금은 안심이 됐어요.", "UI가 명확해서 처음 써도 당황하지 않았어요.", "이 서비스, 왠지 정이 가요."

지표보다 더 오래 남는 건 사용자 피드백의 '한 문장'이었다. 단 몇 초만에 지나칠 수 있는 문장 하나, 위치를 조정한 버튼 하나, 마이크로카피

하나. 그 작은 것들이 나에게는 제품의 '진짜 가치'처럼 느껴졌다.

나는 언제부터인가 기능보다 경험에 더 집착하고 있었다. 기획서에서는 설명되지 않는 감정의 맥락. 보고서에선 빠져 있는 말투와 온도. 그것이 제품을 만들고 있는 내가 진짜로 몰입하던 대상이었다.

- 내가 만들고 싶은 건 기능이 아니라, 감정이었다

사실 나는 기능을 만들고 싶은 게 아니었다. 누군가 앱을 켰을 때 느끼는 첫인상, 화면을 전환할 때의 리듬, '내가 이 서비스를 쓴 이유'를 납득하게 만드는 온도 있는 어조.

그 감정을 설계하고 싶었다. 누군가는 "그건 디자인이나 UX라이팅의 영역 아니야?"라고 묻겠지만 내게는 아니었다. 내가 하고 싶었던 일은, 디자이너와 협업해 플로우를 만들고, 작가처럼 문장을 다듬고, 설계자처럼 흐름을 짜고, 기획자로서 의미를 연결하는 그 '전체의 감정선'을 만드는 일이었다.

그러다 보니 자연스럽게 나는 KPI보다는 사용자의 피드백을 더 많이 곱씹었다. "지표는 이만큼 올랐습니다."보다, "왠지 이 서비스는 말투가 따뜻해서 좋아요."라는 말이 더 오래 기억에 남았다.

그러나 회사는 그 문장을 지표로 삼아 줄 수 없었다. 내가 집중한 감정의 조율은, 조직의 성과 지표에선 늘 부차적인 일이었고, 결국 그 시간들은 '덜 중요하지만 네가 하고 싶다면 해도 좋은' 취급을 받았다.

그래서 퇴근 후가 진짜 시작이었다. 기획서를 다시 다듬고, 노션에 써

둔 마이크로카피를 다시 수정하고, 인스타그램 릴스를 만들고, 제품의 말투를 고민하며 혼잣말을 반복했다.

그 시간만큼은 보고할 필요도, 정산할 필요도 없었다. 그 일은 유난히 덜 피곤했다. 내가 좋아하는 일을 할 때는, 에너지를 쓰면서도 오히려 충전되는 기분이었다.

- 회사와 내가 원하는 일 사이, 병행의 기술

결국 나는 알게 되었다. 내가 하고 싶은 일과 회사가 나에게 원하는 일은 같지 않다는 걸.

이건 꼭 스타트업만의 문제는 아니다. 하지만 스타트업은 이 간극이 더 크다.

스타트업은 자유로워 보이지만, 실은 훨씬 덜 자유롭다. 서비스가 막 시작되었거나 시리즈 A도 받지 못한 초기 단계라면, 한 사람당 2~3개의 역할을 동시에 해야 하고, '네 일', '내 일'의 경계도 모호하며, 우선순위는 언제든 바뀌고, '하고 싶은 일'은 먼 순위로 밀려난다.

무언가에 공을 들일 시간도, 의견을 길게 주고받을 여유도 없다. '정해진 방향에 맞게 빠르게 실행하는 것'이 최고의 미덕이다. 그래야만 투자자에게 어필할 수 있고, 조직도 굴러간다.

그런 환경에서 '나는 이게 하고 싶어요.'라고 말하는 건 어쩌면 사치다. 회사의 지분을 가진 창업자가 아니라면, 나만의 취향과 방향을 펼치기엔 너무 많은 것들이 어긋나 있다.

사실 많은 동료들이 말하지는 않지만 비슷한 감정을 품고 있다. 자신이 하고 싶은 디자인, 만들고 싶은 기능, 쓰고 싶은 문장. 하지만 현실은 그것보다 빠르고 거칠게 굴러간다. 그 간극은 갈등이 되고, 갈등은 점차 '정치'가 된다.

그리고 결국, 나는 생각한다. '내가 정말 하고 싶은 일은 이 안에 있지 않다.'고 느끼는 순간, 그 마음을 억누르는 게 능사는 아니구나. 이젠 그 감각을 외면하지 않기로 했다. 그걸 '회사에서 못 하는 일'로만 여기는 것이 아니라, '퇴근 후에도 계속되는 나의 일'로 받아들이기로.

내가 지금까지 병행해온 뉴스레터, 브런치 글쓰기, 인스타 릴스 제작, 그 모든 것들이 나를 조금씩 더 '나답게' 만들고 있었음을 인정하기로 했다.

- 진짜 하고 싶은 일은 내 안에 있다

나는 기획자다. 하지만 동시에 번역가이고, 작가이고, 사용자 감정의 통역자다. 회사의 일과 나의 일이 완전히 겹치지 않을 수 있다. 지금은 그렇게 살아야 한다.

하지만 언젠가, 내가 진짜 하고 싶은 일에 내 하루의 더 많은 시간을 쓸 수 있기를 바란다. 그리고 그 시간이 오기 전까지, 나는 오늘도 낮에는 회사를 만들고, 밤에는 나를 만든다.

"회사에서 하고 싶은 일이 있을까? 현실과 이상 사이의 균형점."

- 공기업 꿈에서 외국계 현실로

2024년 전까지 나는 공기업에 가고 싶었다. KOTRA, KITA 같은 공기업에 가서 외국인들과 대화를 하면서 글로벌하게 일하고 싶다는 그 하나의 꿈만 가지고 취업을 결정했다. 하지만 당시 정권교체로 인해 공기업에 취업하는 것이 쉽지 않아졌고, 취업을 하려면 필기 공부를 해야 한다는 소리를 듣고 공기업을 포기했다.

공기업을 포기하던 도중, Curiosity Project Team에서 제공한 특강을 들었다. 앞으로는 실무경력이 중요해질 것이기 때문에 어떤 인턴십이든 해보라는 것이었다. 당시 3학년 2학기였고, 곧 4학년이기 때문에 인턴십을 구하는 것에 몰두했다.

하지만 당시 3학년 신분으로는 지원할 수 있는 인턴십이 많지 않았다. 결국 대기업, 공기업, 외국계 기업을 전부 다 지원하는 초강수를 두었고, 결국 외국계 기업에 합격하여 인턴십을 시작하게 되었다.

- 맨땅에 헤딩하던 첫 회사 생활

이미 다른 회사에서 한 번이라도 인턴십을 하고 온 동기들과 다르게, 나는 진짜 회사에 대해 아무것도 모르고 생활을 했다. 일단 해보라는 것을 하긴 했지만, 내가 업무를 잘 하고 있는 건지 아닌지에 대해서 사실 아는 것이 없었다.

1년간은 내가 기술영업 업무와 잘 맞는지 알아보는 시간을 가졌지만, IT에 대한 지식이 아무것도 없는 나에게 솔루션은 참 넘기 힘든 벽이었던 것 같다.

"다른 동기들은 대체 어떻게 하길래 저렇게 잘 적응하지?"

동기들에 대한 부러움과 존경심이 함께 느껴질 즈음에, 마지막 로테이션에 대한 이야기가 나오게 되었다.

- 첫 번째 '하고 싶은 일'을 만나다

팀에 남을지 고민했지만, MD Office라고 해서 회사 사장님을 보좌하는 업무였다. 관련 업무는 CSR 업무 보조, 조직문화 관련 행사 보조, 사장님 옆에서 Chief of Staff 보조로 커뮤니케이션, 사장님 비서, 해외 오피스 등과 협업하며 사장님의 행사를 처리해 주는 등 다양한 일을 했다.

"반년 동안 가장 즐겁게 회사 생활을 하게 해 주겠다!"

나를 팀으로 영입하신 파트너님의 말처럼 정말 즐겁게 회사 생활을 하면서도, 지난 1년 동안 놓친 부분을 잘 마무리해 주셨다. 하지만 그 생활은 6개월도 채 가지 못했다. 취업 준비를 한 시즌을 생각하면 3-4달 정도였던 것 같다.

개인적으로 중요한 것은, 회사 생활을 할 때는 내가 즐거움을 느끼는 업무가 1가지라도 있어야 한다고 생각한다. 전 회사에 있을 때 가장 즐거운 업무는 Global Event team이었다. 일단 인턴십인데 아시아-태평양 지역에 있는 해외 인턴들과 만나는 것이 너무 좋았고, 그들과 3달에 1번씩 행사를 만드는 것이 즐거웠다.

물론 인턴들이 학업 스케줄이 달라서 많은 사람들이 참석하지는 않았지만, 40명 정도의 인원이 각자 다른 시간대에서 화상 미팅으로 참가해 서로의 근로 문화 및 나라의 특색에 대해 소개하며 우정을 다루는 장면은 정말 기억에 남을 것이다.

- 현실과 이상의 간극

회사에서 하고 싶은 일을 할 수 있을까? 사실 개인적으로는 아니라고 생각한다. 회사는 돈을 벌어야 하는 곳이다 보니, 그 돈을 벌기 위해서 필요한 일들을 사람에게 배분한다. 그러다 보면 당연히 나와 맞는 일, 그리고 그렇지 않은 일이 배분되는 경우가 있다.

또 다른 문제는 내가 하고 싶은 일을 한다고 해서 내가 해야 할 일이 없어지는 경우가 아닌 경우도 있다. 하고 싶은 일을 하기 위해서는 추가로 시간을 내야 하거나, 아니면 현 업무가 안정화되지 않았는데 하고 싶은 일을 하다 보면 일의 퀄리티가 떨어지는 경우가 있다. 이렇게 현실과 미래의 간극이 발생한다.

- 간극을 좁히는 세 가지 방법

이런 문제가 생길 때 해 볼 수 있는 것은 다음과 같은 것들이 있다.

1. 맡은 일을 가장 잘하는 것부터

일단은 내가 맡은 일을 가장 잘하는 것이 중요하다. 아무리 내가 하고 싶은 일이 있어도 현재 업무를 잘해내지 못하면 다른 일이나 추가 업무를 시키기가 어렵다.

새로운 회사에 들어갔을 때 3달 동안 한 일은 선임이 남겨준 자료를 보면서 빠르게 업무를 파악하고, 어떻게 해야 가지고 있는 업무를 최소화할까에 대한 고민이었다. 왜냐하면 어떤 업무건 갑작스럽게 처리해야 할 업무가 들어오기 마련인데, 이번 포지션은 유동적으로 대응해야 하는 업무가 심한 경우가 많았다.

이 문제를 해결하기 위해서는 루틴적으로 하는 일을 최대한 없애거나, 없앨 수 없다면 익숙해져야 했다.

2. 외부에서 조금씩 시도해 보기

내가 하고 싶은 일을 외부에서 조금씩 시도해 본다. 회사를 퇴근하고, 운동까지 하면 보통 나는 10시가 된다. 그러면 12-1시까지 2시간에서 3시간 정도가 남는데, 이때 내가 해 보고 싶지만 회사에서는 하지 못하는 것들을 하면서 만들어 나가야 한다고 생각한다.

3. 기회가 생기면 정중히 요청하기

지금은 내가 하고 싶은 일이 딱히 없지만 회사 내에서 하고 싶은 업무가 생긴다면 정중히 팀장님께 요청해 볼 것이다. 최근에 PR 업무가 하고 싶은 적이 있어서 팀장님께 한번 요청을 해 본 적이 있었다.

에이전시를 쓰시기로 해서 업무를 맡을 수 없었지만, 굉장히 계획적이고 스케줄링이 철저한 편이라 에이전시와 회사의 일정을 관리하는 Project 업무를 추가로 맡겨 주셨고, 덕분에 만족하면서 할 수 있다.

4. 찾아가는 과정이 답이다

결국 회사에서 하고 싶은 일이 있을까라는 질문에 대한 답은 단순하지 않다. 완전히 내 마음에 드는 일만 할 수는 없지만, 그렇다고 포기할 필요도 없다.

아직은 어떤 일을 해야겠을지 잘 모르겠을 때는 하면서 찾아볼 것, 현재 하는 업무를 충실히 하면서 다음 스텝을 찾아가는 것이 중요하다.

중요한 건 적어도 하나의 즐거운 업무를 찾는 것이고, 그 즐거움을 바탕으로 조금씩 내가 원하는 방향으로 나아가는 것이다. 완벽한 일은 없지만, 완전히 맞지 않는 일만 하며 살 필요도 없다.

현실과 진짜의 간극

재일: 형은 지금 하는 일, 진짜 하고 싶은 일이에요?

준혁: 아니. 하고 싶은 일은 따로 있어. 근데 그게 '밥벌이'가 되려면 오래 걸려.

재일: 저는 회사일에 만족하지만, 이걸 내 일로 만들 수 있을지는 걱정이 되는 것 같아요.

준혁: 그게 맞아. 지금 하는 일에서 '내 일'을 발견하는 게 중요해.

재일: 그럼 형은 언제쯤 진짜 하고 싶은 일 할 수 있을까요?

준혁: 글쎄, 계속 그 조각들을 모으다 보면 어느 순간 그걸로 밥 먹고 살고 있지 않을까?

진짜 하고 싶은 일 탐색 타임라인

시점	이준혁 - 스타트업	변재일 - 외국계 기업
입사 초기	서비스 운영/기획에 집중, 콘텐츠에 관심 있었지만 곁다리로만	맡은 업무를 잘 처리하는 것에 집중

1~2년차	퇴근 후 인스타 브런치 등 글쓰기 시작	성과가 없다는 것을 깨닫고 하고 싶은 것을 해 봄, 이후 Sales로 이직
3~4년차	콘텐츠 서비스 기획 제안 → 내부 반려 경험	기획 중
현재	성공을 만들어 내는 PO로 자리 잡는 시도 중	세일즈, 마케팅까지 다양한 부서의 일을 맡아서 하는 중

- 티키타카 인사이트

- 진짜 하고 싶은 일은 늘 마음속에 있다.
- 지금의 역할에서 그 조각을 발견하는 것이 진짜로 다가가는 첫걸음이다.
- 커리어는 '선택'의 연속이 아니라, '발견'의 연속이다.

☞ "곁다리로 시작된 진짜는, 결국 중심이 된다."

24장 ─────────────
퇴사는 실패가 아니다

이준혁

- 퇴사의 순간들, 나는 왜 떠났는가

나는 꽤 많은 스타트업 회사를 거쳤다. 처음엔 그런 이력들이 조금 불안하게 느껴질 때도 있었다. 이직이 잦다는 건, 누군가에게는 "끈기가 없다."거나 "적응을 못 한다."는 식으로 보일 수 있기 때문이다. 하지만 나는 알았다. 그건 무작정 떠난 게 아니라, 그때마다 더 나은 방향을 향해 '선택'을 해온 결과였다는 걸, 그때그때의 '내 성장'과 '내 판단'에 따라 떠난 것이었다.

스타트업에서는 그 선택이 더 잦았다. 사업의 방향이 급격히 바뀌거나, 예상치 못한 M&A로 구조가 개편되거나, 팀의 문화가 내가 알던 그것과는 전혀 다른 무언가로 변질되었을 때. 나는 그 변화에 순응하기보다는 스스로 물었다. "이 조직은 지금 나에게 의미 있는 방향을 제시하고 있는가?", "나는 이 안에서 계속 성장할 수 있을까?"

그 질문에 스스로 "예."라고 답할 수 없을 때, 나는 그 자리를 정리하고 떠났다.

한 번은 어떤 회사에서, 창업자의 결단으로 우리가 만들던 서비스가 하루아침에 종료되었다. 기획해 놓은 로드맵, 사용자 피드백, 디자인 시안까지 그대로 남겨둔 채 '더는 여기에 자원을 쏟지 않기로 했다.'는 한 문장으로 모든 것이 접혔다.

그때도 나는 물었다. "여기서 내가 할 수 있는 일은 무엇인가?" "이 결정에 내 성장의 방향이 포함되어 있는가?" 아니었다. 그래서 나는 떠남을 선택했다.

- 퇴사는 감정이 아닌 판단의 결과다.

스타트업 생태계는 본질적으로 불안정하다. 전략은 급격히 바뀌고, 리더십도 자주 흔들린다. 심지어 회사의 존재 이유였던 핵심 서비스가, '시장성이 없다.'는 말 한마디에 흔적 없이 사라지는 경우도 있다. 그리고 그 와중에 우리는 계속 '잔류'를 강요받는다. 사명감이라는 이름 아래, '팀 플레이어'라는 명분 아래, 남아 주는 것이 마치 미덕처럼 여겨진다.

하지만 나는 그 프레임이 항상 옳다고 생각하지 않는다. 남는 것이 언제나 올바른 선택은 아니다. 떠나는 것이 언제나 회피도 아니다. 스타트업에서의 퇴사는, 단순히 '나가기 싫어서 나가는 것'이 아니다. 살아남기 위한 본능이자 전략이며, 미래를 위한 판단의 결과다.

사람들은 오래 버틴 사람을 위대하게 여긴다. 한 직장에서 10년, 20년,

혹은 평생을 보내는 사람을 보며 우리는 말한다. "정말 대단하다, 한 우물을 팠네." 물론 그건 그 자체로 귀한 일이다. 하지만 그와 똑같이, 자기만의 기준으로 '다른 우물'을 찾아 떠난 사람도 똑같이 존중받아야 한다.

나는 종종 '퇴사'라는 단어에 감정이 과하게 실려 있는 것이 아쉽다. 그건 애정의 끊김, 책임의 포기, 혹은 실패의 선언으로만 읽히곤 한다. 하지만 퇴사는 오히려 내가 나를 보호하고, 더 나은 방향으로 나아가기 위한 선언이라고 봐야 한다.

- 이직은 단절이 아니라 축적이다

우리는 너무 자주 이직이나 퇴사를 단절의 역사로 여긴다. "이력서가 지저분해진다.", "한 회사에 오래 있는 게 낫다."는 말은 여전히 통용된다. 하지만 스타트업에서의 경력은 본래 단선적이지 않다. 하나의 회사가 폐업하거나, 내가 몸담았던 서비스가 사라지는 일은 흔하다.

기획자였던 나는, 어떤 프로젝트의 PO였고 어떤 서비스의 총괄이기도 했지만 그 모든 역할은 대부분 이름도 없이 사라진 서비스 위에서 쌓인 커리어였다. 내가 한 일은 남지 않았다. 그 제품이 지금도 서비스되고 있다면 다행이지만, 아주 많은 경우, 내가 만든 것은 같이 사라졌다.

그럴 때, 내가 믿는 건 단 하나였다. "나는 분명히 존재했던 문제를 정의했고, 그 문제를 해결하기 위해 나의 모든 역량을 다했다." 그 결과물이 지금 없더라도, 그 시간은 나에게 의미로 축적되었다. 나는 그 경험으로 더 나은 기획을 할 수 있게 되었고, 더 민감하게 문제를 포착할 수 있게 되었고, 다음 회사를 고를 때 더 분별력 있는 질문을 던질 수 있게 되었다.

그것은 결코 단절이 아니었다. 그건 단지 '한 챕터가 끝났고, 다음 장으로 넘어갔을 뿐'이었다.

- 그럼에도 여전히, 퇴사는 배신처럼 여겨진다

내가 퇴사를 결정했던 어느 회사에서는, 퇴사 통보 이후 누군가 내게 "배신감이 든다."고 말했다. 그 말을 들으며 복잡한 마음이 들었다.

정말 배신이었을까? 나는 그동안 최선을 다했고, 팀원들을 돕고, 회사의 방향에 힘을 실었다. 이직을 고민할 때도 혼자서 몇 날 며칠을 곱씹었고, 결정 이후에도 팀이 혼란스럽지 않도록 인수인계에 전력을 다했다. 그런데 단지 떠난다는 이유만으로 그 모든 노력이 부정되었다.

나는 그 순간 느꼈다. 스타트업에서의 퇴사는 종종 '배신'으로 여겨진다는 것을. 회사를 옮긴다는 것만으로도, 마치 '우리를 저버린 사람'이라는 인상을 남긴다는 것을. 그러나 이제는 확신한다. 회사는 결국 회사지, 내 인생이 아니다. 나는 내 인생에 대해 책임져야 할 사람이다. 나의 성장을, 나의 커리어를, 나의 가족과 삶의 방향을 위해 더 나은 판단을 하는 것은 배신이 아니라 '책임'이다.

- 떠남은 용기다

이직은 전략이다. 퇴사는 생존이다. 그리고 떠남은 용기다.

우리 사회는 떠난 사람을 불편해한다. 그게 사랑이든, 친구든, 회사든.

하지만 나는 믿는다. '나에게 더 맞는 곳을 찾아 떠나는 일'은, '내가 더 나다워질 수 있는 선택'을 하는 일이라는 것을. 이제는 나도 후배들에게 그렇게 말해 준다.

"회사에서 오래 일하는 것도 대단한 일이야. 하지만 더 대단한 건, 내가 더 잘할 수 있는 곳을 찾아 움직일 줄 아는 사람이야."

나는 실패해서 떠난 것이 아니다. 다만 그 시간의 의미가, 내게 다하지 않았을 뿐이다. 그래서 나는 다음을 선택했다. 그 선택 위에 지금의 내가 있다. 그리고 나는, 다시 한번 이렇게 말할 수 있다.

"퇴사는 실패가 아니다. 퇴사는 '내가 나를 믿기로 한 날'이다."

"첫 회사, 그리고 담담한 이별, 18개월의 기록."

- 갑작스럽게 찾아온 종료 통보

연인들이 빼빼로를 먹는다면서 즐거운 시간을 보내던 2024년 11월 11일, 팀즈에 갑작스럽게 올라온 미팅 요청을 보면서 불안해지기 시작했다. 18개월의 계약에서 17개월 되던 때였고, 전환을 위해 노력하였으나 사실 그 노력이 제대로 보이지 않던 시즌이었다.

당시에 동기들을 관리하던 매니저가 따로 있었고, 매니저와 함께 대화를 나누었다.

"아쉽지만, 24년 12월 31일 부로 계약을 종료하게 되었습니다."

머리가 멍해졌다. 이럴 줄 알았으면 내가 더 빨리 회사를 나갔어야 하는 건데 왜 안 될 걸 알면서도 끝까지 하려고 했을까? 그냥 1년만 하고 빠르게 정규직이 될 가능성이 없다면 회사를 나갔어야 하는 건데….

어리석게 1년 6개월이라는 시간만 낭비한 것이 아닐까?라는 자책과 후회가 내 마음을 감쌌다.

물론 첫 회사생활이니 당연히 모든 것을 잘할 수는 없었다고 생각한다. 하지만 그래도 1년 6개월이라는 시간 동안 열심히 활동을 하였는데, 아무것도 남은 것이 없다고 생각하니 서글퍼졌다.

회사 앞에 있는 개울가에 가서 걸었다. 북받쳐오는 감정을 어떻게 하지 못해서 계속 걸었다. 심지어 학교도 이미 졸업해 버린 뒤여서 나의 무직 상태를 보호해 줄 것도 없었다.

- 미스매치의 현실

HR 매니저와의 미팅을 끝내고, 바로 팀 직속 매니저님과의 대화를 나누었다. 매니저님은 사장님의 직속으로서 다양한 프로젝트를 하면서도, 꾸준히 대화를 나누고 나를 신경 써 주는 부분에 있어서 항상 감사하신 분이었다.

마지막으로 인턴십을 했던 부서는 사장님 직속 부서였다. 그러다 보니 사장님과 직접적으로 이야기를 나눌 수 있는 부분이 있었고, 우리는 그 부서 안에서 전환 가능성을 찾았어야 했다. 하지만 사장님이 원하던 인재와 현재 나의 상황은 맞지 않는 상황이었다.

"I'm sorry that I can't be with you in next rotation. But I will do full support to find your next rotation!"

사장님은 새로운 포지션을 찾을 수 있도록 도와주겠다고 했지만, HR 매니저는 생각이 달랐다. 종합적인 평가결과로 볼 때 더 이상 가능성이 없다고 평가한 것이다. 실적이 정확하게 명시되는 국내 기업과 다르게, 평가 기준은 정말 모호하기만 했다.

그동안 세 곳의 팀을 거쳐왔고, 팀에서 6개월 정도 더 수요가 있는 2명을 제외하고 나머지 사람들은 모두 계약이 종료되었다. 총 17명이 입사를 했고, 8명은 전환이 되었으며, 2명은 6개월을 더 일한 후 계약이 종료되었으며, 18개월을 마친 7명 중에 한 명이 되어 계약을 종료하게 되었다.

- 마지막까지 책임지는 마무리

퇴사가 확정된 이후 잘 퇴사하기 위해서 준비를 시작했다. 그동안 내가 하던 업무를 정리해서 매뉴얼로 남겨 주는 것이 굉장히 중요하다는 사실을 배웠다.

당시 사회봉사 및 CSR 업무를 하고 있었는데, 이 CSR 업무에도 굉장히 많은 단계가 있었다. CSR 업무를 해줄 벤더를 찾고, 그 벤더와 함께 예산을 어떻게 진행할지에 대해서 회의를 하고, 예산을 편성하기 위해 기획서를 짜고, 그것을 한국과 아시아 태평양 CSR 담당자에게 보고를 하고, 다시 승인난 것을 바탕으로 실행 후 평가하는 그 수많은 단계들을 워드 문서로 남겼다.

대화를 통해 어떻게 해야 문서로 보고하는 능력을 기를 수 있는지에 대해 알 수 있는 소중한 시간이었다.

이외에도 회사 크리스마스 파티를 준비해야 하는 업무가 있었는데, 관련하여 좌시할 수 없는 상황이었기에 벤더사와 행사하는 것을 바탕으로 당일에 행사를 도와주기 위해서 노력하였다. 양복을 입고 가서 테이블을 세팅하고, 당일 무대를 하기로 했던 직원이 갑자기 못 오게 되어 새롭게 가수를 섭외하는 등 떠날 때 떠나더라도 마지막까지 업무를 하기 위해서 노력했다.

- 팀에 대한 마지막 책임

Global Event team의 공동 리더를 맡고 있었는데, 다행히 올해 이벤트

4개는 전부 마무리되었기에 이 부분에 있어서도 신규 리더를 찾아야 하는 문제가 있었다. 기존에 팀원들에게 이 팀의 업무 플로우에 대해서 설명하고, 4명 중에 나를 대신할 부리더를 뽑아 둔 터라 부리더와 1대1로 미팅을 하면서 회사를 퇴사하게 된 상황에 대해서 설명하고, 어떤 점을 더 설명해 주어야 할지, 앞으로 어떻게 팀을 운영해 가고 싶은지에 대해서 깊은 대화를 나누었다.

이러한 활동을 좋게 봐 주신 분이 있어서 사실, 퇴사 직전까지도 다른 인턴으로라도 계속 일을 해 보겠냐는 제안이 있어서 퇴사 한 주 전까지 혼란스러운 상황이었다. 예상과는 다른 회사였지만, 회사에 대한 애정이 있었기에 끝까지 일을 하고 싶었다. 하지만 경력직을 뽑겠다고 하여, 그 바람은 물거품이 되었다.

- 감사 인사와 따뜻한 응답

어느덧 퇴사 전날, 나는 감사하는 마음을 가지고 같이 일했던 회사 동료들의 이메일 모음, 기술영업 동료들의 이메일 모음, 사장실에 있던 선임분들의 이메일 모음으로 하나씩 이메일을 쓰기 시작했다.

담담하게 회사를 떠나게 되었음을 밝히며, 함께 할 수 있었음에 감사하며 회사의 성공을 축원한다는 인사말이었다. 그렇게 떠나려던 중, 당시 기술영업 본부장님의 메일이 인상적이었다.

변재일 파트너님.

첫 사회생활을 우리 회사에서 시작하게 된 시간들이, 변 파트너님의 앞으로의 미래에 조금이라도 도움이 되었으면 좋겠다는 생각을 종종 했었습니다.

너무 멋지게 인턴 생활 열심히 해 주셔서 감사드려요. TF에서도 적극적인 활동해 주셨던 것도 기억에 남을 것 같아요.

아마 재일파트너님의 열정이면 어디서든 빛이 날 것이라 믿어요.

또 반가운 인연으로 다시 만나길 기원합니다. 또한 항상 응원할게요.

혹시 간혹 생각나면 놀러와 주세요.

변재일 파트너님의 멋진 미래를 응원합니다!!

그래도 아예 헛된 시간은 아니었구나.

정말 애정했던 나의 시간은 그렇게 끝을 맞았다. 모든 기억이 순백으로 뒤덮이며, 조용한 끝을 알리는 한 12월의 겨울이었다.

- 첫 회사가 남긴 것들

18개월이라는 시간이 허무하게 느껴졌지만, 돌이켜보면 그 시간이 정말 아무것도 남기지 않았을까?

첫 사회생활에서 배운 건 업무 스킬만이 아니었다. 예상과 다른 결과에 직면했을 때 어떻게 마무리해야 하는지, 마지막까지 책임지는 것이 무엇인지, 그리고 떠날 때도 품위 있게 떠나는 방법을 배웠다.

무엇보다 파트너님의 메일에서 느꼈듯이, 진심으로 일하면 누군가는 그걸 기억해 준다는 걸 알았다. 그 자체로도 충분히 가치 있는 18개월이었던 것 같다.

퇴사, 그 낯선 선택

재일: 준혁 님은 퇴사할 때 무섭지 않았어요?

준혁: 무서웠지. 그래서 첫 번째 퇴사는 좀 도망 같았어.

재일: 퇴사…. 그쪽으로 너무 생각하면 안 된다고 조언을 들은 것 같아요.

준혁: 맞는 말이야. 지속된 생각은 행동으로 이뤄지거든.

재일: 그러면 형은 언제 퇴사를 실행하시게 되었어요?

준혁: 조직에 나를 맞추려는 생각보다, 내가 뭘 원하는지를 자꾸 떠올릴
때가 아닐까.

퇴사 전후 마음 비교표

상태	이준혁 - 스타트업	변재일 - 외국계 기업
퇴사 전	불안, 회피, 책임감	불안함, 걱정
퇴사 결정	확신, 방향 재정비	다음 포지션을 찾느라 정신없음, 배신감
퇴사 후	자기 주도적 경로	홀가분함, 믿기지 않음, 불안감

- 티키타카 인사이트

- 퇴사는 끝이 아니라 전환점이다.

- 퇴사는 조직에서의 실패가 아니라, 개인의 방향을 재정의하는 선택
  이다.

- 가장 중요한 건, 지금 내가 어디에 있는가 보다 어디로 가고 싶은가
  이다.

☞ "퇴사는 실패가 아니라 질문의 시작이다."

그래도 나는 다시 시작한다

이준혁

- 무너지지 않는 법보다, 다시 일어나는 법을 배웠다

나는 '처음'이라는 단어에 유난히 익숙한 사람이다. 새로운 팀, 새로운 조직, 새로운 역할. 이직 후 아무도 나를 모르는 환경에서 다시 신뢰를 쌓고, 공백 없이 실력을 증명해야 하는 삶.

그 반복 속에서 나는 매번 '다시' 시작했다. 어느 날엔 폐업 직전의 스타트업에서, 어느 날엔 M&A 이후 낯선 기업 문화 속에서. 때로는 기대감을 품고 옮긴 곳에서 한 달 만에 의욕을 잃었고, 어떤 날엔 밤을 새운 기획서가 회신조차 없이 사라졌다.

그래도 끝까지 나를 붙들게 했던 건, 나는 '일'을 사랑하는 사람이라는 사실이었다. 나는 결과보다 과정을 좋아했고, 성과보다 사람을 기억했고, 눈에 띄는 승진보다 마음에 남는 피드백을 더 오래 붙잡았다. 때로는 그것이 너무 감성적인 태도처럼 보였을지 몰라도, 그게 나였고, 나는 그

걸 믿었다.

- 대장장이처럼 나를 담금질하며…

스타트업 업계에서 가장 뼈저리게 배운 건 이것이다. 회사가 빠르게 변하는 만큼, 나 역시 빠르게 변해야 한다는 것. 매번 새로운 기술과 도구가 등장하고, 이전까지 중요하던 기준이 사라지는 속도에 적응해야 했다.

쏟아지는 인재들 사이에서, 나라는 존재의 가치를 '오늘의 성과'로만 증명해야 하는 현실은 잔인하기도 했다. 그 안에서 내가 할 수 있었던 건 단 하나. 스스로를 끊임없이 갈고닦는 일. 대장장이가 검을 만들기 위해 수백 번 불에 달구고 두드리듯, 나도 그렇게 내 일과 생각과 말투와 태도를 단련해 왔다.

나를 가장 날카롭고 정확하게 만들기 위해, 실패조차도 하나의 날이 되게끔 수없이 담금질했다. 그 실패는 두려움이었지만 동시에 성장의 재료였고, 그 두려움을 스스로 이겨낸 순간들 덕분에 지금의 내가 있다.

- 커리어의 끝은 없다. 나라는 사람은 계속 걷고 있으니까

나는 커리어를 '직선'으로 보지 않는다. 높이 올라가는 사다리가 아니라, 나에게 맞는 돌을 하나씩 골라 내 길을 쌓아 가는 과정이라고 믿는다. 그래서 나는 PO가 되었다가, PM이 되었다가, 때로는 Co-founder가 되었고, 어느새 팀을 이끄는 사람이 되어 있었다.

어떤 타이틀도 더 이상 나를 정의하진 않았다. 중요한 건 그 안에서 내가 무엇을 배웠고, 얼마나 더 나다워졌는가였다. 성과를 내는 것도 중요했지만, 더 중요한 건 그 시간 동안 내가 어떤 사람으로 성장했는지를 스스로에게 물어볼 수 있는 용기였다.

그래서 나는 다시 시작할 수 있었다. 다시 시작한다는 건 아직 나에게 기회가 있다는 뜻이고, 아직 나라는 사람을 내가 믿고 있다는 증거다. 내가 나를 믿는 한, 세상이 아무리 흔들려도 나는 걸을 수 있다. 그게 바로, 스타트업에서 살아남는 법이자, 나로서 살아가는 방식이다.

- 나는 다시 시작할 것이다

나는 지금도, 그리고 앞으로도 또 다른 '처음'을 맞이할 것이다. 새로운 제품, 새로운 팀, 새로운 아이디어. 그리고 또 다른 나.

나는 그 시작이 두렵지 않다. 왜냐하면 나는 알고 있다. 한 번도 무너지지 않은 사람이 아니라, 무너질 때마다 다시 일어난 사람이 더 강하다는 걸. 그리고 나는 그 '다시'라는 단어를 누구보다 많이 품어 본 사람이니까.

나는 다시 시작할 것이다. 늘 그래왔듯이. 그리고 아마, 앞으로도 그럴 것이다. 그래도, 나는 다시 시작한다.

"나 진짜 퇴사하는 거야? Between Jobs 그리고 새로운 시작."

- 현실감 없는 퇴사와 막막한 미래

"나 진짜 퇴사하는 거야?"

2024년 11월, 퇴사가 확정되었음에도 불구하고 진짜 퇴사를 한다는 사실이 잘 실감이 나지 않았다. 첫 회사와 함께 했던 시간들이 꿈만 같아서 주말에 오전 내내 침대에 누워서 어떻게 해야 할지 고민했던 것으로 기억한다.

약 두 달 동안은 회사에서 업무한 후, 퇴근하고 링크드인을 열심히 서칭했다. 외국계 기업에서 계속 일하고 싶은 마음이 있었기에, 지속적으로 검색을 하면서 면접을 봤다. 정규직 포지션을 열심히 찾았지만, 당시 연말이라서 그런지 포지션이 많지 않았다. 다행히 면접을 볼 때 회사에서 배려해 줘서 편안하게 면접을 볼 수 있었다.

- 외국계 채용의 변덕스러운 현실

그렇게 12월에 한 회사와 거의 계약 직전까지 갔었지만, 이후 약 3주간 연락이 오지 않는 상태에 이르면서 상황은 급변하게 된다. 외국계 기업의 경우 채용의 결정권이 국내에 없고, 보통 아시아 지부나 본사에 있는 경우가 많다. 그래서 포지션을 채용 중이더라도, 다시 홀딩되거나 없어지는 포지션들이 많다.

"미안, 갑작스러운 변화 때문에 채용이 백지화되었어."

처음에 봤던 회사는 현재 Full remote 회사였고, 새롭게 보고할 팀장님도 마음에 들었으며, 새로 성장하는 분야라서 일을 해 보고 싶었지만, 아쉬움을 뒤로 남긴 채 다시 지원을 시작하였던 것 같다.

- 쉬고 싶었던 마음과 현실의 벽

실직 당시에는 정말 아무것도 하기 싫었고, 그냥 몇 달간 아무것도 안 하고 놀고만 싶었다. 고등학교를 졸업하고, 대학, 군대, 인턴까지 약 5년을 쉼 없이 달려왔는데 조금 쉬면 안 되는 걸까?

아쉽게도 그럴 수는 없는 판국이었다. 만약에 내가 졸업을 하지 않은 상태였다면 졸업 유예를 통해서 좀 더 마음이 편하게 취업준비를 할 수 있었을 것 같다. 하지만 이미 나는 잘못된 선택을 해버렸고, 이를 방지하기 위해서 바로 취업준비를 시작했다.

- Between Jobs 기간의 세 가지 전략

일과 일 사이에 있는 Between jobs 시기, 나는 크게 세 가지 방향을 통해서 취업을 준비하기 위해 노력했다.

1. 본격적인 취업 준비

처음에는 링크드인에서만 지원을 했지만, 이후에 피플앤잡도 외국계 기업 취업에 좋다는 소식을 듣고 피플앤잡까지 지원 범위를 넓혔다. 하지만 ~3년차 미만까지는 대부분 계약직/파견직 위주로만 선발을 한다는 점, 그리고 대부분 외부 헤드헌팅사를 통한 파견직으로 일한다는 부분은 나를 힘들게 했다.

처음에는 IT 업계 관련 정규직만 쓰다가 현재 포지션이 너무 없다는 사실을 깨닫고 Sales/Marketing 관련 직무가 있으면 최대한 전부 쓰는 전략으로 선회했었다. 사실 대부분 외국계는 한국 기업에서 경력직을 채용하는 경향이 강하고, 마케팅의 경우 에이전시 출신을 뽑는 경향이 강해서, 문과 학과의 경우 대부분 Sales로 구하는 경향이 강했다.

2. SDR 파트타임으로 경험 쌓기

커리어데이를 통해 Sales Development Representative로 일해 본 경험이다. 스레드에서 친하게 지내시는 분이 파트타임 잡을 구해서 한번 용기를 내어서 지원해 보게 되었다. B2B 기업에서 일한 경험을 통해 회사 이사님께 좋은 인상을 주어 일을 시작하게 되었다.

Sales Development Representative의 경우 영업의 최앞단으로 실제로 콜드 콜을 통해서 이 고객이 우리 제품의 수요가 있는지, 없는지에 대해서 검증하는 역할이다. 나는 환경 관련 컨설팅 제품을 국내 대기업 및 중견기업에 전화하는 건을 맡았는데, 콜드콜에 성공해서 이메일과 연락처를 따낸 것에서 생기는 보수와, 그것이 미팅으로 이어졌을 때 주는 보수가 달랐다.

업무는 매일 2-3시간 정도 이뤄졌지만, 아무래도 가능 시간이 유동적이다 보니 고정적으로 이뤄지지 못한다는 점이 큰 아쉬움이었다. 업무 시간 이외에 전화가 오면 빠르게 대응하기 어렵다는 점, 그리고 좁은 시장 수요로 인해 가망 고객을 미팅으로 많이 전환하지 못한 점이 많이 아쉬웠지만, 그래도 2달이라는 짧은 기간 동안 1-2건이라도 미팅으로 전환해내고 100건 이상의 미팅을 처리해낸 점은 다행이었다.

3. 크리에이터 활동

마지막으로 시도한 것은 크리에이터로 일하는 것이었다. 당시 신규로 떠오르던 스레드, 네이버 블로그, 링크드인에 그동안 배웠던 것을 1일 1포스팅을 시도하였다. 기존에 하던 링크드인 뉴스레터를 더 이상 못 하게 되었기 때문에, 그동안 링크드인을 쓴 경험을 공유하기 위해 뉴스레터를 만들어서 실행하였다.

- 의외로 괜찮았던 성과

이렇게 취업 준비 40%, 창작 20%, 파트타임 40%로 일했음에도 나의 성과는 꽤 괜찮은 편이었다. 처음에는 감을 잘 잡지 못해 합격률이 낮았으나 나중에는 서류 합격률 50%를 자랑했다. 대기업을 한 곳도 쓰지 않고, 서류 합격률이 낮은 외국계 기업만을 타겟하여 지원했음에도 이러한 결과가 나올 수 있다는 것은 그동안의 경험이 전혀 헛되지 않았다는 것이어서 기뻤다.

다만 이렇게 서류를 많이 붙다 보니, 그만큼 면접도 많이 보는 경우가 많았고, 외국계 기업의 경우 최대한 빠르게 면접 전형을 보는 경우가 많아 하루에 엄청나게 많은 면접을 봐야 하는 경우도 있었다. 아침부터 오후까지 하루 종일 면접 5개를 보고 지쳐 나가떨어진 경우도 있었으며, 실제로 이런 경우에는 합격률이 좋지 못했다는 것을 깨닫고 나서 이후에는 템포를 조정하기로 결정했다.

- 두 개의 오퍼, 하나의 선택

열심히 면접을 보던 중, 거의 동시에 두 곳의 합격 발표를 듣게 되었다. 일단 계약 조건이나 포지션은 비슷했기에 어떤 기업이 더 좋을지에 대해서 고민을 하게 되었다.

처음으로 고민한 것은 현재 사는 곳에서의 통근거리였다. 통근거리가 너무 멀어지면 많은 시간을 출퇴근 시간에 낭비하게 되며, 일할 때 쓸 에너지를 낭비하게 되어 효율성이 떨어지게 될까 고민했다.

그다음으로 고민한 것은 브랜드와 산업군이었는데, 오퍼를 준 두 개의 브랜드가 각자 어떤 회사인지, 그리고 현재 산업군에서 어떠한 가치를 지니고 있는지에 대해서 고민했다. 커리어 후반에는 내가 일하고 싶은 곳에서 일을 하면 되지만, 현재는 그 산업에서 브랜드가 가진 가치가 내 이력서에 어떤 영향을 줄지도 중요한 요소였기 때문이다.

마지막으로는 패키지에 대해서 고민하였다. 외국계의 경우 연봉을 제시할 때 전 회사의 원천징수영수증 및 연봉 내역을 떼오라고 하고, 거기에서 연봉 인상을 하기 때문에 직전 회사에서 의미 있는 연봉 인상이 되는 것이 중요하다는 생각이 들었다. 한 회사는 5%의 연봉 인상을 제시했고, 다른 회사는 10%의 연봉 인상이었지만, 회사 복지를 고려하면 약 15% 정도의 연봉 인상이 있었다.

- 새로운 시작을 향해

이 세 조건을 고려했을 때 한 회사가 다른 회사를 압도했다. 사실 이 회사가 삼성, LG, 현대 등의 기업처럼 다른 한국 회사에 비해 사람들에게 잘 알려져 있는 회사는 아니었다. 하지만 그런 건 아무래도 상관없었다. 모든 일과 모든 포지션이 영원하지 않은 시기에 접어들었고, 내가 일하고 싶은 환경에서 일하는 것이 더 중요하다고 느꼈으며, 이직할 회사는 그러한 조건을 잘 충족시킬 거라고 믿었다.

원래는 3월 초에 출근을 하려고 했지만, 회사에서 일주일만 일찍 와달라는 요청을 하게 되었고, 그 요청을 수락해서 2월 말부터 회사에 출근을 하게 되었다. 한 6개월 정도는 실업급여 받으면서 여유롭게 취업을 할 생각이었기에 이렇게 갑작스럽게 다시 시작한다는 것이 믿기지가 않았다.

새로운 포지션을 맡는다는 것에 걱정도 있었지만, 지금까지 해온 나의 시간을 믿기로 결정했다.

이제 다시, 시작이다.

Between jobs라는 시간은 생각보다 나쁘지 않았다. 오히려 나를 더 잘 알게 되고, 다양한 가능성을 탐색해볼 수 있는 시간이었다. 무엇보다 첫 회사에서 배운 것들이 헛되지 않았다는 걸 확인할 수 있어서 다행이었다.

다시 시작하는 용기

재일: 형은 다시 시작할 때 안 무서웠어요?

준혁: 무서웠지. 근데 그게 끝이 아니라는 걸 아니까 버틸 수 있었던 거야.

재일: 저는 자꾸 제가 맞는 길을 걷고 있는지에 대해서 의심 갈 때가 있어요.

준혁: 길이 틀린 게 아니라, 그 길에서 배우는 게 있으면 되는 거야.

재일: 결국 다시 시작은 '정답'이 아니라, 나를 믿는 연습이네요.

준혁: 맞아. 실패도, 성공도 결국 나를 구성하는 조각이니까.

다시 시작의 조건 비교표

항목	이준혁 - 스타트업	변재일 - 외국계 기업
시작 계기	서비스 종료, 실패 경험	계약 종료
다시 준비한 시간	3개월 내외	2개월
새로운 조직 적응	빠르게 실무 투입	빠른 실무 투입
심리 변화	성장 의지 vs 책임감	두려움 vs 기대감
다짐	이번엔 방향까지 설계하자	이번에는 더 뚜렷한 성과를 내 보자

- 티키타카 인사이트

- 다시 시작은 무언가를 잃는 것이 아니라, 더 나은 나를 찾아가는 여정이다.
- 경력의 '흔들림'은 새로운 성장의 문을 여는 진동이다.
- 중요한 건 완벽한 다음이 아니라, 다시 걸을 수 있는 지금이다.

☞ "그래도 나는 다시 시작할 수 있다. 그건 내가 계속 살아 있다는 증거니까."

우리는 아직도 출근 중입니다…

일하는 방식은 계속 바뀌고 있습니다.

그 변화의 한가운데서 우리는 여전히 어딘가로 '출근'하고 있습니다.

누군가는 비대면으로, 누군가는 코워킹 스페이스로,

누군가는 정장을 입고, 누군가는 파자마 바람으로.

중요한 건 '어디서'가 아니라 '어떻게' 일하는가라고 생각합니다.

'무엇을'보다 '누구와' 일하느냐가 더 중요해지고 있는 것처럼 말이죠.

우리는 이 책을 통해 각자의 위치에서 느꼈던 현실과 차이를 나누었다고 생각합니다.

스타트업과 외국계, 시니어와 주니어, 유연함과 시스템 사이에서 우리는 서로를 비추는 거울이 되기도 하고, 격려하는 동료이자 책을 같이 쓰는 파트너가 되기도 했습니다.

이 책의 제목처럼 우리는 아직도 출근 중입니다.

몸은 한자리에 있더라도, 마음은 계속 앞으로 나아가고 있기 때문일 것입니다.

혹시 지금, 그만두고 싶거나, 낯선 조직에 적응 중이거나,

자신의 커리어가 맞게 가고 있는지 고민하는 누군가에게

이 이야기들이 작게나마 위로가 되기를 바랍니다.

그리고 언젠가, 당신도 우리처럼 말할 수 있기를…

"나는 아직도 출근 중입니다."

우리는 아직도
출근 중입니다

ⓒ 이준혁·변재일, 2025

초판 1쇄 발행 2025년 10월 31일

지은이   이준혁·변재일
펴낸이   이기봉
편집   좋은땅 편집팀
펴낸곳   도서출판 좋은땅
주소   서울특별시 마포구 양화로12길 26 지월드빌딩 (서교동 395-7)
전화   02)374-8616~7
팩스   02)374-8614
이메일   gworldbook@naver.com
홈페이지   www.g-world.co.kr

ISBN   979-11-388-4800-8 (03320)